몰입의 힘

일상을 바꾸는 몰입의 즐거움

몰입의 힘

김민식 지음

다온 길

들어가며

이 책은 몰입의 변화시키는 힘, 즉 현재 순간에 완전히 참여하고 그것이 우리의 삶을 재구성하도록 하는 행위에 대한 이야기입니다.

몰입이 실제로 무엇인지, 그리고 오늘날 빠르게 변화하는 세상에서 몰입이 왜 중요한지에 대한 이유에 대해 설명합니다.

방해 요소가 많고 기술이 끊임없이 발전하는 사회에서 몰입의 가치는 그 어느 때보다 중요합니다. 연구에 따르면 몰입은 창의성을 높이고, 인지 능력을 향상시키며, 일상을 초월하는 성취감을 가져올 수 있다고 합니다. 순간에 몰입함으로써 우리는 바쁜 현대 생활에서 종종 포착하기 어려운 기쁨의 원천을 활용하게 됩니다.

몰입을 삶의 방식으로 받아들이는 데 필요한 정신적 틀에 관한 내용이며 올바른 사고방식을 기르는 것이 어떻게 우리를 둘러싼 아름다움과 기회에 더 현존하고, 주의를 기울이고, 개방적으로 만들 수 있는지 알려줍니다.

몰입의 가장 매력적인 측면 중 하나는 우리를 몰입 상태로 이끄는 능력입니다. 심리학자 미하이 칙센트미하이가 만든 흐름은 우리의 기술이 당면한 과제와 원활하게 조화를 이루는 최적의 지점입니다.

끊임없이 쏟아지는 알림, 멀티태스킹의 유혹, 빠르게 변화하는 세상의 압박이 방해가 되는 경우가 많습니다. 방해 요소가 없는 공간을 만들고, 마음챙김을 연습하고, 몰입형 활동을 위한 전용 시간을 확보하는 것은 모두 올바른 방향으로 나아가는 단계입니다.

끊임없이 진화하는 디지털 시대의 풍경을 헤쳐나가면서 몰입의 예술을 수용하는 것은 의식적인 선택이 됩니다. 이는 산만함의 매력에 대한 반항 행위입니다.

몰입은 단순히 현실로부터의 도피가 아닙니다. 그것은 더 깊은 수준에서 현실에 참여하는 방법입니다.

이 책을 통해 몰입의 개념에 대해 공부하고, 어떠한 환경을 조성해야 하는지, 몰입에 대해 함께 생각해 보는 시간이 되었으면 합니다.

김민식

차례

PART 2
몰입을 위한 마인드셋 개발

PART 1

몰입의 이해와 중요성

몰입은 특정 경험이나 환경에 자신을 완전히 참여시키고 둘러싸는 행위입니다. 몰입은 현장감과 참여감을 조성하여 깊은 이해를 촉진합니다. 몰입을 통해 우리는 표면적인 학습을 넘어서는 직접적인 지식과 통찰력을 얻을 수 있습니다.

몰입은 학습, 언어 습득, 문화적 이해를 향상시키고, 다른 사람의 관점에 공감할 수 있게 하여 열린 마음과 관용을 길러줍니다. 또한 종합적인 접근 방식을 장려함으로써 창의성과 문제 해결 능력을 키웁니다.

몰입은 다양한 문화와 관점에 대한 존중을 촉진하기 때문에 다양한 세상에서 매우 중요합니다. 전반적으로 몰입은 우리의 삶을 풍요롭게 하고 시야를 넓히며 심오한 수준에서 다른 사람들과 소통하는 능력을 향상시킵니다.

1장

몰입이란 무엇인가?

1 | 다양한 맥락에서 몰입의 정의와 의미

몰입은 특정한 경험이나 환경에 완전히 몰두하고 집중하며 깊이 관여하는 상태를 말한다. 몰입은 전적으로 집중과 주의를 기울이는 것을 특징으로 하며 때로는 경험 안에서 '잊힌 듯한' 느낌이나 '흐름에 몸을 맡긴 듯한' 느낌을 가져올 수 있다. 이는 매혹적인 활동을 통해 발생할 수 있으며, 예술이나 미디어와 상호작용하거나 자연과 교감하거나 사회 및 문화적 환경에서도 몰입을 경험할 수 있다.

몰입 상태에서는 종종 시간을 잊게 되며 현재 순간에 완전히 녹아들었다는 느낌을 갖게 된다. 사람들은 깊이 관여하고 몰입함으로써 더 높은 연결과 집중도를 느낄 수 있다. 몰입은 감정적 반응을 자아내며 존재감을 증가시키고 사람의 생각, 감정 및 인식에 더 깊은 영향을 미칠 수 있다.

몰입은 여러 가지 맥락에서 다양한 의미와 적용을 가질 수 있다.

1) 언어 몰입

학습자가 특정 언어로 완전히 둘러싸이고 노출되는 교육 방법이다. 이는 해당 언어가 사용되는 나라에서 생활하거나, 언어 몰입 프로그램에 참여하거나, 해당 언어로만 의사소통하는 환경에 노출되는 것을 포함할 수 있다.

2) 문화 몰입

특정 문화의 관습, 전통 및 관행에 깊이 몰입하는 것이다. 이는 현지 주민들과 함께 생활하고 그들의 일상활동에 참여하며 그들의 의식과 축제에 참여함으로써 실현할 수 있다.

3) 가상현실 몰입

기술적으로, 몰입은 사용자가 헤드셋과 동작 컨트롤러를 사용하여 컴퓨터 생성 환경에 완전히 몰입함으로써 존재감과 현실감을 느끼는 가상현실 경험을 의미한다.

4) 창의적 몰입

개인이 미술, 음악, 글쓰기 또는 기타 형태의 표현 과정에 완전히 몰입함으로써 흐름에 젖어 높은 창의성을 발휘하는 상태를 말한다.

2 | 몰입의 심리적, 인지적 측면 이해

몰입의 심리적, 인지적 측면을 이해하는 것은 마음과 뇌가 깊이 몰입하는 경험에 어떻게 반응하는지에 대한 흥미로운 과정이다.

심리학적인 관점에서 몰입은 종종 심리학자들이 '흐름^{Flow} 상태'라고 부르는 것으로 이어진다. 미하이 칙센트미하이$^{Mihaly\ Csikszentmihalyi}$가 만들어낸 흐름 상태는 개인이 자신의 기술 수준과 수행하고 있는 작업 사이에서 완벽한 균형을 느끼는 최적의 경험 상태이다. 흐름 상태에 몰입되면 사람들은 높은 집중도와 완전한 몰입, 그리고 자신의 행동을 통제할 수 있게 된다. 흐름 상태에 있을 때는 해당 활동에 완전히 몰입되어 다른 모든 주의를 끌어내는 요소들이 사라져서 행복함, 기쁨, 그리고 깊은 만족을 느낄 수 있다.

몰입 경험은 감정 조절에도 영향을 미친다. 사람들은 종종 즐겁거나 의미 있는 것에 몰입할 때 흥분이나 기쁨과 같은 긍정적인 감정을 경험한다. 반면 도전적인 몰입 경험은 좌절에서 결단으로 이르기까지 다양한 감정을 불러일으킬 수 있다. 흐름 상태에서 이러한 감정들에 완전히 몰입함으로써 개인들은 자신의 감정을 더 잘 이해하고 관리하는 법을 배우며, 감정 지능과 회복력을 향상시킬 수 있다.

인지적 측면에서 몰입은 기억력 향상에 중요한 역할을 한다. 몰입적인 경험들은 강렬한 생각과 감정 참여로 인해 생생한 기억을 만들어낸다. 경험에 더욱 몰입할수록 세부 사항과 뉘앙스를 기억할 가능성이 높아진다.

또한 몰입형 학습 경험은 기술 습득과 지식 유지에도 도움이 된다. 개인들이 지식의 실용적인 적용에 적극적으로 참여하는 경험적 학습은 개념을 더 깊게 이해하고 실제 상황에 이 지식을 적용하는 것을 가능케 해준다. 실전 학습 경험에서의 몰입은 복잡한 주제를 효과적으로 이해하고 이를 실제 상황에 적용하는데 도움을 준다.

인지적 유연성은 몰입의 영향을 받는 다른 인지적 측면이다. 다양한 몰입 경험에 참여함으로써 개인들은 새로운 맥락, 관점 및 문제 해결 방법에 적응해야 한다. 결과적으로, 인지적 유연성, 즉 다양한 인지적 작업 또는 사고방식 간의 전환 능력이 개발되고 이러한 인지 능력들은 변화에 적응하고 일상생활의 복잡한 상황을 처리하는 데 매우 중요하다.

몰입은 상상력과 창의성을 자극할 수도 있다. 새로운 환경을 탐험하거나 상상력을 발휘하는 것과 같은 몰입적인 활동에 참여함으로써 창의력을 발휘할 수 있다. 이러한 활동에 완전히 몰입함으로써 개인들은 기존의 사고 패턴을 벗어나 새로운 아이디어와 가능성을 탐색할 수 있다.

마지막으로, 사회적 맥락에서의 몰입은 공감과 사회적 인지 발달에 중요한 역할을 한다. 사회적 상호작용에 완전히 몰입할 때 개인들은 보다 깊은 수준에서 다른 사람들을 이해하고 연결할 가능성이 높아진다. 다양한 관점에 몰입함으로써 공감과 동정심이 유발되며, 인간 경험의 복잡성에 대한 더 잘 이해할 수 있다.

몰입의 심리적, 인지적 측면을 이해함으로써 몰입이 인간의 경험과 발달에 깊은 영향을 미치는 것을 알 수 있다. 집중력, 감정 조절, 기억력을 향상시키는 것부터 인지적 유연성과 창의성을 유발하는 것까지 몰입은 개인적 성장, 학습, 그리고 더욱 풍요로운 삶을 위한 강력한 길을 제공한다.

3 | 몰입의 다양한 방법 :
가상 모험에서 실제 경험까지

다양한 몰입 방법은 개인들이 인생의 다른 측면에서 깊고 완전히 참여할 수 있는 다양한 경험과 활동들을 포함한다. 이러한 방법들은 네 가지 주요 유형으로 넓게 분류될 수 있다.

1) 가상 몰입

① 가상현실Virtual Reality : VR 헤드셋과 기술을 사용하여 컴퓨터 생성 환경에 진입하여 몰입감과 생생한 경험을 얻는 것을 말한다. 여기에는 인터랙티브 게임, 시뮬레이션 및 교육용 응용프로그램이 포함된다.

② 증강현실Augmented Reality : 실제 경험을 가상 요소로 보강하여 실제 세계에 디지털 콘텐츠를 덧붙이는 기술이다. AR은 주로 모바일 앱에서 사용되며 학습, 엔터테인먼트 및 탐색을 향상시킬 수 있다.

2) 체험적 몰입

① 실전 학습 : 실제 경험에 적극적으로 참여하여 능동적인 학습과 기술 개발을 촉진한다. 워크샵, 인턴십 또는 현장 여행 등이 포함될 수 있다.

② 롤 플레잉^{Role Playing} : 캐릭터나 역할을 맡아 다양한 시나리오에 몰입하는 것으로, 주로 훈련, 교육 또는 치료 환경에서 사용된다.

③ 모험 활동 : 암벽 등반, 스카이다이빙 또는 야외 스포츠와 같은 공포를 유발하는 활동을 참여하여 완전한 참여와 집중을 요하는 활동이다.

3) 문화 및 사회적 몰입

① 문화 교류 프로그램 : 다른 문화와 교류하고 다양한 시각과 전통을 더 깊이 이해할 수 있는 프로그램에 참여한다.

② 언어 몰입 : 외국어 사용 환경에 몰입함으로써 언어 능력과 문화 이해력을 향상시킨다.

③ 지역사회 참여 : 지역 행사, 자원봉사 또는 사회적 이니셔티브에 참여함으로써 다른 사람들과 소통한다.

4) 마음챙김과 자연 몰입

① 마음챙김^{Mindfulness} 연습 : 명상, 요가 또는 기타 마음챙김 기술에 참여하여 당신의 생각, 감정 및 주변 환경에 완전히 집중

하고 인식한다.

② 자연산책과 체험 : 숲, 공원 또는 시골과 같은 자연 환경에서 시간을 보내면 마음을 충전하고 스트레스를 줄이며 환경과의 연결을 느낄 수 있다.

③ 예술적 창작 몰입 : 그림, 글쓰기, 음악 등 예술적 표현을 탐구하여 창의적 과정에 몰두하고 감정과 생각에 대한 깊은 통찰을 얻는다.

이러한 다양한 몰입 방법은 개인적 성장, 학습 및 웰빙에 대한 특별한 기회를 제공한다. 다양한 몰입 방식을 받아들임으로써 개인들은 더욱 풍부하고 만족스럽고 더 연결된 삶을 살아갈 수 있다.

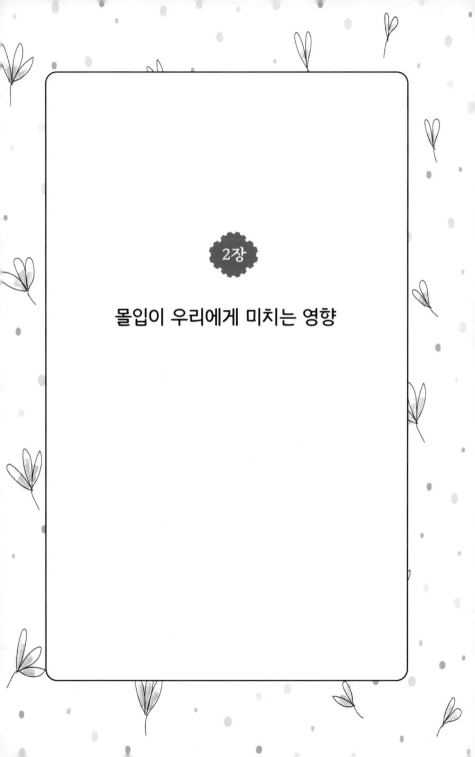

2장

몰입이 우리에게 미치는 영향

1 | 몰입이 우리 삶에
      어떤 영향을 미치는가?

몰입은 우리의 삶에 깊은 영향을 미친다. 이는 경험, 활동 및 관계에 완전히 몰입하는 상태이다. 몰입은 개인적 성장과 발전의 여러 측면에 긍정적인 영향을 미친다.

빠르게 변화하는 현대 사회에서는 주변에 수많은 방해요소가 존재하며, 우리를 현재의 순간에서 자꾸 분산시킨다. 몰입은 시간이 느려지고 인식이 강화되는 곳으로의 차원이자 안식처 역할을 한다. 몰입은 우리로 하여금 잠시 일상적인 걱정에서 벗어나 현재의 순간에 존재할 수 있게 해준다. 특정 활동이나 환경에 몰입하면 의식이 좁아지고 흐름 상태에 접어들게 되는데, 이는 도전과 기술이 완벽한 조화를 이루는 상태이다. 이 조화로운 결합은 성취감과 만족감을 느끼게 하며, 웰빙과 목적의식을 유발한다.

화가가 캔버스 위에 구부정하게 앉아 붓을 들고 각각의 획을 자연스럽게 그리는 모습을 상상해 보자. 깊은 예술적 몰입에서 화가는 작품과 하나가 되며 자신에 대한 불신과 판단을 넘어서 창의성의 바다에 빠진다. 몰입은 열정을 불러일으키며 예술을 보는 이들의 삶을 불태울 창조적인 불꽃이 된다.

마찬가지로 몰입은 학습과 지적 성장에 활력을 더한다. 호기심 가득한 학자가 책을 넘기며 책에 몰두하고 주변 세상을 잊어버리는 모습을 상상해 보자. 이러한 상태에서 지식은 생명체가 되어 영혼과 얽히며 끊임없이 마음에 강한 인상을 남긴다. 지식 탐구에 몰두한 사람은 지혜, 이해력 및 시각에 갈증을 가진다.

하지만 몰입은 예술적 또는 지적인 추구에 국한되지 않는다. 몰입은 마음과 영혼을 묶는 관계에도 영향을 미친다. 연인이 서로의 눈을 바라보고 공유하는 감정과 욕구의 세계에 몰입하는 모습을 상상해 보자. 그 연결에서 연인들은 위로와 이해, 수용을 찾으며 결합이 더욱 강화된다.

몰입의 포용 속에서 일상은 특별한 순간으로 바뀐다. 숲 속 산책은 연인과의 영적 교감으로 바뀐다. 식사의 향기는 미각을 자극하며 먼 나라의 향수를 불러일으킨다.

하지만 몰입은 우리를 들뜨게 할 뿐만 아니라 해로운 악순환에 빠지게 할 수도 있다. 가상 세계나 약물 남용의 매혹에 빠져 현실의 풍요로움으로부터 소외될 수 있다. 잘못된 몰입은 우리로 하여금 세상의 긴요한 문제들에 눈을 멀게 하며 공감하고 행동하는 능력을 떨어뜨릴 수 있다.

따라서 우리가 몰입의 미로를 탐색할 때에는 자각과 의도를 가지고 걸어가야 한다. 우리는 우리의 삶을 풍요롭게 하며 우리의 관계를 더욱 깊게 만들고 영혼을 기르는 활동을 식별해야 한다. 의도적이고 선택적으로 흐름에 몰입함으로써 우리는 성장, 이해력 및 변화의 잠재력을 발휘할 수 있다.

몰입은 우리의 경험과 인식을 섬세하게 이끄는 친절한 안내자처럼 우리와 함께 인생의 여정을 함께 한다. 몰입은 우리에게 존재의 아름다움을 만끽하고 인간의 경험의 복잡함을 즐기며 우리 자신, 다른 사람들 및 우리 주변 세계와 더 깊은 관계를 형성할 수 있도록 안내해 준다. 몰입을 통해 우리는 깊은 통찰과 감동, 끊임없이 성장하는 인생의 뜻밖의 모습에 문을 열 수 있다.

1) 집중력과 마음챙김 강화

몰입은 깊은 집중과 마음챙김의 상태를 길러준다. 현재의 순간에 몰입함으로써 우리는 마음을 완전히 집중시키고, 자신의 생각, 감정 및 주변 환경에 더욱 더 잘 인식할 수 있게 된다.

2) 학습과 기술 개발 강화

몰입은 학습과 기술 개발을 가속화시킨다. 주제나 활동에 몰입함으로써 정보를 습득하고 열심히 연습하며 기술을 닦을 수 있는 풍

부한 학습 환경을 만들어낸다. 이는 개인적 능력의 완성과 성장으로
이어진다.

3) 창의력과 혁신 향상

몰입은 창의성과 혁신을 불러일으킨다. 창의적인 추구나 문제 해
결 과정에 완전히 몰입함으로써 우리는 상상력을 발휘하고 새로운
가능성을 탐구하며 개인적, 직업적인 폭발적인 아이디어를 창출할
수 있다.

4) 타인과의 연결

몰입은 타인과의 관계를 강화한다. 의미 있는 대화, 적극적인 듣기,
진정성 있는 관여에 몰입함으로써 우리는 더 깊은 관계, 공감 및 이
해를 기르며 사회적, 감정적 지능을 향상시킨다.

5) 생산성 및 성취도 향상

몰입은 생산성과 성취를 높인다. 명확한 목표를 설정하고 방해요
소를 제거하며 일에 완전히 몰입함으로써 생산성이 급증하고 성취
를 이룰 수 있는 상태에 도달한다.

6) 탄력성과 적응력

몰입은 탄력성과 적응력을 키워준다. 어려운 상황이나 익숙하지
않은 영역에 완전히 몰입함으로써 우리는 변화를 받아들이고 장애

물을 극복하며 역경 속에서 더욱 강해질 수 있다.

7) 의미 있는 개인적 성장

몰입은 의미 있는 개인적 성장을 촉진한다. 자기 성찰, 의도적인 자기 개선에 몰입함으로써 우리는 자기 발견, 자기 수용, 지속적인 성장의 여정에 나아갈 수 있다. 이는 더욱 풍요로운 목적 있는 삶으로 이어진다.

몰입을 삶에 적용함으로써 현재의 순간에 완전히 몰입하고, 기술과 재능을 발전시키며 의미 있는 관계를 형성하고 개인적 성장을 받아들일 수 있다. 이는 우리에게 의도적이고 목적 있는 생활, 더 큰 만족감과 성공을 제공하며 삶의 다양한 영역에서의 웰빙에 기여한다.

2 | 몰입이 학습과 이해를 향상시키는 방법

몰입이 학습과 이해를 어떻게 증진시키는지 탐구하는 것은 변화를 가져다주는 여정일 수 있다. 여기서 몰입이란 주제나 경험에 완전히 참여하고 몰입하여 얕은 수준을 넘어서 자료나 활동과 깊은 연결을 이루는 것을 의미한다. 이러한 헌신적이고 집중된 참여는 학습과 이해의 과정을 크게 향상시키며, 개인적인 성장과 발전을 촉진한다.

외국어를 공부하거나 복잡한 과학 분야를 탐구하는 것과 같이 새로운 것을 시작해보자. 언어나 주제에 대한 몰입은 지식을 더 효과적으로 습득할 수 있는 환경을 조성한다. 몰입은 학생들에게 언어의 뉘앙스, 문화적 맥락, 또는 과학적 개념의 복잡한 세부 사항에 노출시켜 풍부하고 의미 있는 학습 경험을 만들어낸다.

자기 개선의 영역에서, 몰입은 학습 과정에 완전히 몰입하는 흐름 상태를 유발한다. 이 상태에서는 시간이 빨리 흐르는 것처럼 느껴지며, 주의를 흩뜨리는 것과 불안감을 잊고 현재에 집중할 수 있다. 몰입은 내재적 동기부여를 촉진시켜 학습 여정을 더욱 즐겁고 충실하게 만든다.

또한 몰입은 호기심과 열정을 자아낼 수 있는 주제와의 깊은 연결을 유발한다. 주제의 복잡성에 몰입함으로써 진정한 관심과 탐구에 대한 열정이 생기며, 이는 평생 학습에 대한 애정을 기를 수 있다. 이 열정은 지식의 탐구를 향한 추구로서 자기계발의 필수적인 부분이 될 수 있다.

이해의 맥락에서 몰입은 깊은 통찰의 문을 열어준다. 표면만을 스쳐지나가는 대신 개념, 아이디어 또는 경험의 깊이로 들어가 복잡성과 함의를 풀어낸다. 이러한 깊은 이해는 표면적인 학습에서는 분명하지 않은 연결과 결론을 이끌어낼 수 있는 힘을 준다.

몰입은 자신의 학습 과정에 대한 깊은 인식을 발전시킬 수 있게 해준다. 고유한 학습 스타일에 가장 적합한 학습 방법에 적응하게 되고 이러한 자기인식을 통해 학습 경험을 최적화하고 선호도, 장점 및 도전에 맞는 방식과 자원을 선택할 수 있다.

몰입은 개방적인 마음과 유연한 시각을 장려한다. 여러 관점에 노출되고 여러 각도에서 주제를 탐구함으로써 다면적이고 균형 잡힌 이해의 시각을 형성한다. 이러한 대안적인 아이디어에 대한 개방성은 지성적 겸손을 유발하며 새로운 지식을 받아들이는 의지를 가지게 되어 자기계발의 필수적인 구성요소가 된다.

자기계발의 맥락에서 몰입은 학교 교육 이상으로 확장된다. 긍정적이든 도전적이든 삶의 경험에 완전히 몰입함으로써 지혜와 감정적 지성을 얻을 수 있으며, 자기와 다른 사람들에 대한 깊은 이해는 개인적 성장과 더 의미 있는 대인 관계를 가능하게 한다.

그러나 몰입이 균형과 자기인식을 필요로 한다는 점을 인식하는 것이 중요하다. 너무 많은 것에 몰입하거나 한 가지 측면에만 집중하면 소진되거나 전반적인 발전이 부족할 수 있다. 몰입과 반성적 사색이 조화를 이룰 때 자기계발이 성공적으로 이루어질 수 있다.

자기계발의 관점에서 몰입이 학습과 이해를 어떻게 향상시키는지 탐구함으로써 성장에 큰 기회를 제공한다. 지식과 경험의 추구에 몰입함으로써 자기 발견, 지성적 호기심 및 개인적 충족을 위한 풍요로운 토양을 조성한다. 몰입을 통해 생활의 복잡성에 더 깊이 접근함으로써 주변 세계와 내면 세계에 대한 풍부한 이해력을 얻을 수 있다.

3 | 창의력과 문제해결력 함양에 있어 몰입의 역할

흐름^{Flow}이 창의성과 문제 해결을 촉진하는 역할은 심리학자들과 연구자들에 의해 연구되고 인정받은 강력하고 혁신적인 개념이다. 흐름^{Flow}은 활동에 완전히 몰입하고 집중하는 정신적 상태를 가리킨다. 흐름^{Flow} 상태는 시간과 외부 세계를 잊고 자신이 하는 일에 완전히 몰입한 상태를 의미한다.

흐름^{Flow} 상태에 있는 사람은 주의와 기술이 현재 수행 중인 작업과 완벽하게 일치한다. 그들은 작업에 대한 통제감을 느끼며, 능력은 요구되는 복잡성 수준과 부합한다. 이 상태에서 창의성이 번영하고 문제 해결 능력이 최적화된다.

흐름^{Flow}은 새로운 아이디어가 자유롭게 흘러나오는 환경을 조성하여 창의성을 촉진한다. 활동에 완전히 몰입함으로써 개인은 일반적이지 않고 독창적인 접근 방법을 탐색할 수 있다. 자기의 불신과 실패에 대한 두려움의 장벽이 사라지며 창의성이 자유롭게 흘러나올 수 있다.

몰입 중에는 '창의적 통찰'을 경험할 수 있으며, 새로운 아이디어와 연결고리가 갑자기 떠오를 수 있다. 뇌는 독특한 연관을 만들고 서로 다른 정보를 결합하여 혁신적인 해결책과 새로운 시각을 도출하는 데 능숙해진다.

몰입은 또한 집중력을 촉진하여 문제 해결 능력을 향상시킨다. 집중력이 높은 상태에서는 주의가 산만해지는 것을 최소화하고 문제의 복잡성을 더 효과적으로 탐구할 수 있다. 여러 각도에서 상황을 분석하고 패턴과 잠재적인 해결책을 발견할 수 있고 명료하게 이해할 수 있다.

몰입은 내재적 동기를 높여 문제 해결 과제를 더 즐겁고 보람 있게 만든다. 도전 자체가 성취의 원천이 되며, 개인은 장애물을 극복하고 해결책을 찾으려는 더 강한 의지를 갖게 된다. 이 내재적 동기는 더 높은 수준의 인내력과 어려운 문제조차 해결하길 원하는 의지에 기여한다.

흐름Flow의 역할은 창의성과 문제 해결 능력을 발전시키는 데 특정한 분야나 영역에 한정되지 않는다. 예술적 시도, 과학적 연구, 스포츠 및 일상적인 문제 해결 상황을 포함하여 다양한 활동에서 경험할 수 있다.

흐름^{Flow}을 발전시키기 위해서는 개인이 진정으로 흥미롭고 도전적인 활동을 찾아야 한다. 과제는 개인의 기술과 능력과 균형을 이루도록 하며 성장과 학습의 기회를 제공해야 한다. 산만한 것들을 제거하고 집중하기에 적합한 환경을 조성하여 흐름을 더 자주 경험할 수 있다.

흐름^{Flow}은 최적의 참여와 몰입 상태를 의미하며, 창의성과 문제 해결 능력을 발전시키는 데 중요한 역할을 한다. 흐름의 힘을 이용하면 개인은 자신의 전체 잠재력을 발휘하고 창의성을 발휘하며, 보다 효과적이고 독창적인 방식으로 문제 해결에 접근할 수 있다. 흐름은 개인이 도전에 성공하고 인간의 상상력과 혁신의 광활한 지평을 탐험하는 데 힘을 주는 상태이다.

4 | 개인의 성장과
자기 발견을 위한 몰입

자기개발의 영역에서 몰입은 개인의 성장과 자기 발견의 강력한 촉매제 역할을 한다. 여기에서 몰입은 경험, 활동 및 지식에 완전히 몰입하고 깊게 연결되는 것을 의미한다.

새로운 기술을 배우거나 열정을 탐구하거나 자기 발견의 여정을 시작하는 것이든, 우리는 개인적인 성장에 건전한 토양을 만들 수 있다. 몰입은 단지 표면을 긁어서 끝나는 것이 아니라, 경험의 깊이로 뛰어든다는 것을 의미하며, 노력을 진심으로 기울여서 추진하는 것을 포함한다.

몰입을 통해 우리는 자신의 강점, 약점, 욕구, 열망 등 자신에 대한 깊은 이해를 얻게 된다. 몰입은 우리의 참된 본성을 반영하는 거울이 되어 성격의 여러 층을 드러내고 잠재된 잠재력을 일깨워 준다. 몰입은 우리로 하여금 두려움과 한계를 마주하고, 우리의 취약점을 받아들이며, 안락한 영역에서 벗어나게 한다.

자기계발을 추구하는 과정에서 몰입은 탄력과 인내력을 길러준다. 도전과 장애물은 걸림돌이 아니라 성장의 기회가 되고 걸림돌을 발판으로 활용하고 실패를 귀중한 교훈으로 받아들이는 법을 배운다. 몰입은 성장이 목표가 아니라 여정이라는 것을 우리에게 가르치며, 과정이 결과와 같이 중요하다는 것을 알게 해 준다.

우리의 열정과 관심에 몰입함으로써, 우리는 내면의 불꽃을 지피는 것이 무엇인지 발견한다. 우리가 추구하는 것에서 목적과 의미를 발견하고, 행동을 가치와 꿈에 일치시킨다. 몰입은 우리의 참된 열정을 확인하고, 우리가 생각하지 못했던 새로운 가능성의 문을 열어준다.

몰입은 우리의 시각을 풍부하게 만들고 시야를 넓혀준다. 우리가 다양한 경험과 시각에 노출될수록, 우리는 더 개방적이고 공감능력 있는 사람이 된다. 몰입은 인류의 상호연결성에 대한 깊은 인식을 촉진하여 우리로 하여금 타인과 의미 있는 관계를 형성하고 하나가 되는 느낌을 갖게 한다.

몰입은 또한 자기 인식에 중추적인 역할을 한다. 마음챙김을 실천하고 경험에 온전히 집중하면 생각, 감정, 반응에 더 잘 적응할 수 있다. 이렇게 높아진 자기 인식은 제한적인 신념과 자동적 패턴에서 벗어나 진정한 자아에 부합하는 의식적인 선택을 할 수 있도록 도와준다.

자기계발의 여정에서 몰입에는 어려움이 없는 것은 아니다. 몰입에는 헌신과 절제, 그리고 내면의 생각과 감정에 맞서려는 의지가 필요하다. 몰입은 선입견을 버리고 불확실성을 받아들일 것을 요구한다. 하지만 이러한 어려움 속에는 심오한 성장과 자기 발견의 기회가 있다.

마지막으로 몰입은 우리의 잠재력을 비추는 거울이자 변화의 촉매제이며 자아 발견으로 이끄는 나침반의 역할을 한다. 몰입은 개인의 성장을 촉진하고, 진정성 있는 삶을 살 수 있도록 힘을 실어주며, 자아의 한계를 뛰어넘는 자기 발견의 여정을 시작할 수 있게 하는 강력한 힘이다.

몰입이 우리 삶에 어떤 영향을 미치는지 보여주는 몇 가지 구체적인 예이다.

1. 언어 능력 및 의사소통 능력(언어 몰입 프로그램)
외국어 환경에 몰입하면 언어 능력을 빠르게 향상시킬 수 있다. 학습자는 원어민에게 지속적으로 노출되기 때문에 듣기, 말하기, 읽기, 쓰기 능력이 향상된다. 이렇게 향상된 의사소통 능력은 다양한 배경을 가진 사람들과 연결하여 새로운 친구, 기회, 문화 교류의 문을 열 수 있게 해준다.

2. 개인의 성장과 변화 (해외 여행 또는 해외 거주)

외국에서의 생활이나 새로운 문화를 받아들이는 것과 같은 몰입 경험은 개인을 자신의 영역 밖으로 밀어낸다. 새로운 관습에 적응하고, 도전에 직면하고, 유연성과 회복력이 있는 법을 배우면서 개인의 성장을 촉진한다. 다양한 관점에 노출되면 세상에 대한 이해의 폭이 넓어지고 다양성에 대한 공감과 인식이 깊어진다.

3. 인지 발달과 집중력 (가상 현실 게임)

몰입형 게임 경험은 고도의 집중력을 필요로 한다. 플레이어는 가상 세계에서 퍼즐을 풀고, 장애물을 극복하고, 목표를 달성하는 데 깊이 몰입하게 된다. 이러한 높은 수준의 인지적 참여는 문제 해결 능력을 향상시키고, 공간 인식을 강화하며, 기억력과 집중력을 높일 수 있다.

4. 문화 간 역량 및 공감 (문화 교류 프로그램)

다른 문화권의 호스트 가정과 함께 생활하면서 문화 간 역량을 키울 수 있다. 자신과 다른 관습, 가치관, 전통에 대한 이해와 존중을 키울 수 있다. 현지인들과 의미 있는 관계를 형성하면서 공감 능력을 키우고 다양한 관점에서 세상을 바라볼 수 있게 되어 관용과 협동심을 키울 수 있다.

5. 예술적 표현과 창의성(예술 수련회 또는 워크숍)

몰입형 예술적 경험을 통해 크리에이터는 자신의 작품에 완전히 몰입할 수 있다. 이러한 흐름의 상태는 방해 요소를 차단하고 창작 과정에 몰입하기 때문에 창의력을 높이는 데 도움이 된다. 그 결과 작업에 더 깊이 몰입하고 혁신적인 돌파구를 마련할 수 있는 잠재력을 갖게 되는 경우가 많다.

6. 학습 및 기술 습득(실습 워크숍 또는 교육 프로그램)

몰입형 학습 경험에 참여하면 기술 개발이 가속화된다. 실용적인 실습 활동은 지식의 유지와 응용력을 향상시킨다. 몰입형 워크숍과 교육 프로그램은 또한 학습 환경을 지원하여 개인이 위험을 감수하고 새로운 기술을 보다 효과적으로 습득하도록 장려한다.

7. 경력 및 전문성 성장(전문 개발 회의)

몰입형 회의conference 및 워크숍을 통해 전문가들은 네트워크를 형성하고, 업계 전문가로부터 배우고, 최신 동향trend를 파악할 수 있다. 다양한 관점과 모범 사례에 대한 노출은 경력 발전, 새로운 비즈니스 기회 및 리더십 스킬 향상으로 이어질 수 있다.

몰입은 다양한 영역에서 우리 삶에 큰 영향을 미친다. 언어 학습, 개인적 성장, 인지 발달, 공감, 창의성, 기술 습득, 직업적 발전을 촉진한다. 다양한 경험, 문화 및 환경에 완전히 몰입함으로써 개인은 삶을 풍요롭게 하고 시야를 넓히며 자신과 주변 세계에 대해 더 깊이 이해할 수 있게 된다.

3장

열정에서 성공으로

1 | 몰입이 개인과 직업적인 성공에 어떻게 기여하는가?

인생에서 몰입은 집중력, 성장, 창의성 및 의미 있는 연결을 촉진하여 개인적 및 직업적 성공에 기여하는 데 중요한 역할을 한다. 개인이 어떤 목표에 완전히 몰입하면 깊은 몰입 상태에 접어들며 다음과 같은 성과를 얻을 수 있다.

딥 러닝, 기술 개발, 문제 해결 능력 향상에 도움이 되는 환경을 제공함으로써 개인적, 직업적 성공을 촉진하는 데 중요한 역할을 한다. 개인이 학문적인 또는 전문적인 목표에 몰입하면, 인지적, 심리적 이익을 경험하며 성장과 성취를 이룰 수 있다.

몰입은 개인이 주제에 완전히 참여할 수 있게 해준다. 학업 환경에서는 이것이 특정 과목, 과정 또는 연구 분야에 집중하고 중단 없이 시간을 보내는 것을 의미할 수 있다. 학생들이 학문에 몰입함으로써, 정보를 더 효과적으로 습득하고 지식을 유지하며 이해력을 깊게 발전시켜 서로 다른 개념들을 의미 있게 연결할 수 있게 된다.

이는 기술 개발과 전문성에 대한 관문이 된다. 새로운 언어를 배우거나 악기를 숙달하거나 기술을 다듬는다면, 의도적인 연습에 대한 몰입은 점진적인 성장과 능력 강화로 이어진다. 반복적이고 집중적인 몰입을 통해 개인들은 높은 수준의 숙련도에 도달하고 해당 분야의 전문가로서 자신을 차별화할 수 있다.

또한 개인들이 탐구하고 실험하며 비판적으로 사고할 수 있도록하는 환경을 조성한다. 작업이나 연구 프로젝트에 완전히 몰입할 때, 개인들은 새로운 해결책과 혁신적인 접근법을 발견할 가능성이더 높아진다. 몰입 시 증가하는 집중과 참여는 창의적인 통찰력을일으키고 획기적인 발견으로 이어질 수 있다.

개인들이 학업이나 직업에 몰입할 때 내재적 동기가 강화된다. 그들은 목적감과 만족감을 느끼기 때문에 성공에 대한 원동력이 되고몰입은 개인들이 어려움과 좌절을 극복하는 데 도움을 주며, 이러한장애물들을 성장의 기회로 보고 끊임없이 노력하는 경향이 있다.

문제 해결 능력을 향상시킨다. 개인들이 복잡한 문제에 몰입하면문제를 여러 각도에서 분석하고 패턴을 파악하며 혁신적인 해결책을 개발하는 능력을 갖추게 된다. 이러한 분석적인 기술들은 학술적 연구, 전문적 프로젝트 및 의사 결정에서 특히 유용하다.

협업과 네트워킹 기회를 촉진한다. 개인이 학술 또는 전문 커뮤니티에 몰입하면 같은 생각을 가진 동료, 멘토, 전문가들과 연결될 수 있다. 공동의 노력과 경험 공유는 여러 분야를 넘나드는 통찰력과 다양한 관점으로 이어져 개인적, 직업적 성장을 강화할 수 있다.

자신감과 자기 효능감을 높이는 데 기여한다. 개인들이 전문성을 쌓고 자신의 관심 분야를 더 깊게 이해함으로써, 도전에 대처하고 야망적인 목표를 추구하는 능력과 힘을 얻게 된다.

학문적 관점에서 몰입은 개인적, 직업적 성공을 위한 강력한 촉매제이다. 몰입은 심층 학습, 기술 개발, 문제 해결 능력을 촉진한다. 몰입의 혁신적인 영향은 개인이 학업 또는 직업적 추구에 완전히 몰입하여 지식, 전문성, 창의성 및 동기 부여를 향상시키는 집중적인 참여 환경을 조성하는 능력에 있다. 개인은 자신이 선택한 길에 몰입함으로써 성장과 성취를 위한 가능성과 기회의 세계로 향하는 문을 열 수 있다.

업무, 목표 또는 활동에 적극적으로 참여하고 투자하는 상태를 의미하는 참여는 개인적 성공과 직업적인 성공 모두에 중요한 역할을 한다. 개인이 자신이 하는 일에 완전히 몰입하면 성장과 성과에 긍정적인 영향을 미치는 다양한 혜택을 경험할 수 있다. 참여가 개인적, 직업적인 성공에 어떻게 기여하는지 몇 가지 일반적인 사례를 통해 살펴보자.

1. 개인적 성공

1) 신체 건강(규칙적인 운동)

꾸준한 운동 루틴에 참여하는 사람은 개인 건강 및 피트니스 목표를 달성할 가능성이 높다. 운동에 전념하면 신체 건강이 개선되고, 에너지 수준이 높아지며, 스트레스가 감소하여 전반적으로 건강한 라이프스타일에 기여한다.

2) 개인적 관계(인간관계에서 적극적인 경청)

개인적 관계에서 적극적인 경청과 공감적 소통을 통해 완전히 몰입하면 유대감이 강화되고 정서적 연결이 촉진된다. 참여도가 높은 개인은 서로를 더 잘 이해하고 지원하여 더 만족스럽고 조화로운 관계로 이어진다.

3) 평생 학습(새로운 취미 또는 관심사 추구)

새로운 취미나 관심사를 탐구하는 등 지속적인 학습에 참여하면 정신이 활발해지고 새로운 경험을 할 수 있다. 이는 개인의 성장, 창의성, 적응력을 키우고 삶과 전망을 풍요롭게 한다.

4) 개인 목표 달성(프로젝트를 향한 노력)

개인이 열정 프로젝트 또는 개인 목표를 추구하는 데 진정으로 몰입할 때, 장애물을 극복하고 목표에 전념할 수 있는 동기가 부여된다. 이러한 목적의식과 헌신은 놀라운 성과와 성취감으로 이어질 수 있다.

2. 직업적인 성공

1) 직업 만족도(의사 결정에 직원 참여)

의사 결정 과정에 직원을 참여시키면 업무에 대한 주인의식
과 가치관을 키울 수 있다. 결과적으로 직원들의 만족도와
동기 부여가 높아져 생산성 향상, 고용 유지율 증가, 긍정적
인 업무 환경으로 이어진다.

2) 혁신과 창의성(창의성 문화 조성)

창의성과 혁신적인 사고를 장려하는 직장에서 직원들이 적
극적으로 참여하면 획기적인 아이디어와 솔루션을 내놓을
가능성이 높아진다. 이는 비즈니스 성장과 경쟁 우위로 이
어질 수 있다.

3) 지속적인 학습 및 개발(전문성 개발 기회)

직원들에게 지속적인 학습과 기술 개발에 참여할 수 있는
기회를 제공하는 조직은 성장 문화를 촉진한다. 참여도가
높은 직원은 학습을 수용하고, 자신의 역할과 관련성을 유
지하며, 팀과 조직의 성공에 기여한다.

4) 목표 달성 및 경력 발전(도전적인 프로젝트 추구)

참여도가 높은 전문가는 도전적인 프로젝트와 책임을 맡을 수 있는 기회를 적극적으로 찾는다. 그 이상으로 나아감으로써 자신의 역량을 입증하고, 이를 통해 경력 발전과 기여에 대한 인정으로 이어질 수 있다.

참여는 개인적, 직업적 성공의 원동력이다. 개인이 자신의 노력에 전적으로 몰입하면 삶이 개선되고, 인간관계가 강화되며, 창의성이 향상되고, 직무 만족도가 높아진다. 삶의 다양한 측면에 참여하는 것은 개인적으로나 업무적으로나 더 만족스럽고 성공적인 여정을 이어갈 수 있다.

◈ 깊은 몰입 상태 ◈

깊은 몰입 상태는 종종 "in the zone"이라고 불리며 개인이 활동에 완전히 몰입하는 고도로 집중되고 몰입되는 정신 상태이다. 스포츠에서 선수가 엄청난 집중력과 몰입으로 극상의 멘탈을 유지하는 걸 말한다.

이 상태는 강렬한 집중력, 수월한 참여, 현재 순간에 완전히 몰입한 느낌이 특징이다. 깊은 몰입 상태에 있을 때 개인은 최적의 업무 수행 상태를 경험하게 된다.

1) 완전한 몰입

개인은 자신의 활동에 완전히 몰입하여 시간에 대한 인식, 산만함, 심지어 자아 감각을 잃게 된다. 그들은 힘들이지 않고 참여한다는 느낌으로 깊이 몰입하게 된다.

2) 명확한 목표와 피드백

명확한 목표가 있고 즉각적인 피드백을 제공한다. 개인은 자신이 달성해야 할 목표를 명확하게 이해하고 지속적인 피드백을 받아 자신의 성과를 조정하고 개선할 수 있다.

3) 변경된 시간 감각

개인은 종종 시간 가는 줄을 모른다. 그들은 당면한 작업에 완전히 몰입하고 집중하기 때문에 몇 시간이 몇 분처럼 느껴질 수 있다.

4) 손쉬운 집중력

노력하지 않고도 집중할 수 있는 것이 특징이다. 방해 요소가 사라지고 현재 순간에 완전히 몰입할 수 있는 고도의 주의 집중 상태에 들어간다.

5) 최적의 도전과 기술 균형

활동에서 제시하는 도전의 수준이 개인의 기술과 일치할 때 발생한다. 이를 위해서는 과제의 난이도와 그 과제를 해결할 수 있는 개인의 능력 사이의 균형이 필요하다.

6) 향상된 성과 및 창의성

향상된 성능 및 창의적인 통찰력으로 이어진다. 개인은 고도의 집중력, 문제 해결 능력 및 혁신적인 사고의 상태를 활용한다.

7) 성취감과 행복감

성취감, 만족감, 행복감과 관련이 있다. 개인은 활동에 완전히 참여하고 몰입함으로써 깊은 성취감과 내재적 보람을 느낀다.

깊은 몰입은 스포츠, 예술, 일, 취미 등 다양한 영역에서 경험할 수 있다. 즐거움과 생산성을 높이고 당면한 과제와 조화를 이룬다는 느낌을 주기 때문에 개인이 적극적으로 추구하는 상태이다.

2 성공을 위한 참여 및 몰입형 경험의 역할

몰입은 개인이 자신이 추구하는 바에 깊이 빠져들고, 현재의 순간과 성공을 향한 여정을 형성하는 경험에 완전히 몰입하도록 장려한다.

자신의 목표와 업무에 몰두할 때, 그들은 완전히 몰입하게 되고, 당면한 업무에 집중력과 에너지를 맞추게 된다. 이렇게 몰입도가 높아지면 창의력, 문제 해결 능력, 수완을 발휘하여 혁신적인 솔루션과 돌파구를 찾아내어 성공에 좀 더 다가설 수 있다.

몰입형 경험은 학습과 성장을 위한 비옥한 토양을 제공한다. 다양한 활동에 완전히 몰입함으로써 개인은 자신의 한계를 뛰어넘는 도전에 직면하고 회복력과 적응력을 키운다. 또한 실패를 발전의 디딤돌로 받아들이고 그 과정에서 소중한 교훈을 얻는다.

개인은 자신이 추구하는 바에 몰입하면서 성장 마인드를 개발하고, 이들은 좌절을 성공을 가로막는 장애물이 아니라 개선의 기회로 본다. 이러한 사고방식은 계산된 위험을 감수하고, 새로운 가능성을 탐색하고, 끊임없이 개선하여 성공을 향한 여정에서 지속적인 발전을 보장하도록 힘을 실어준다.

또한 몰입은 깊은 목적의식과 열정을 키워준다. 개인이 자신의 가치와 관심사에 부합하는 활동에 완전히 몰입하면 목표와 깊은 유대감을 경험하게 되고 이러한 열정과 목적의 조화는 동기 부여를 촉진하여 어려움 속에서도 인내할 수 있는 원동력이 된다.

몰입형 경험은 개인적 성장과 직업적 성장을 모두 아우르는 성공에 대한 총체적인 접근 방식을 제공한다. 그들은 개인이 업무 관련 추구뿐만 아니라 취미, 인간관계, 자기 발견에도 몰입하도록 권장한다. 이러한 다방면의 몰입은 삶을 풍요롭게 하고 성취감과 만족감을 느끼게 한다.

'몰입'의 세계에서 성공은 목적지가 아니라 여정이 된다. 최종 목표를 달성하는 것만이 중요한 것이 아니라 그 과정에서 일어나는 과정과 성장을 소중히 여기는 것이 중요하다. 적극적인 참여와 몰입 경험을 통해 개인은 자신의 가치에 부합하는 길을 개척하고 열정을 불태우며 지속적인 자기 개발을 촉진할 수 있다.

사람들이 몰입을 받아들일 때, 그들은 여정의 기쁨과 도전을 음미하면서 매 순간 완전히 존재하는 자신을 발견하게 된다. 그들은 성공의 공동 창조자가 되어 개인적, 직업적 성취를 형성하는 의미 있는 경험의 태피스트리를 엮어낸다.

몰입을 통해 성공을 추구하는 개인은 자아를 발견하고 실현하는 변화의 항해를 시작한다. 자신의 열망에 완전히 몰입함으로써 탄력성, 창의성, 깊은 목적의식을 키울 수 있다.

3 | 성공을 위해 몰입을 수용한 실제 사례

몰입은 사람들이 자신의 업무에 완전히 몰입하여 완전한 집중력과 최적의 성과 수준에 도달하는 상태이다. 숙련된 서퍼가 파도를 타는 것처럼, 이들은 흐름의 물결을 타고 자신이 선택한 분야에서 탁월한 성과를 낼 수 있도록 원동력이 된다.

스포츠계에서는 올림픽 수영 선수인 마이클 펠프스 같은 선수들이 몰입의 대명사이다. 펠프스는 경기 중 플로우^{Flow} 상태에 빠져 물과 자신의 움직임이 하나가 되어 여러 개의 금메달과 자신의 기록을 여러번 경신하였다.

음악의 영역에서는 랑랑과 같은 뮤지션이 몰입을 실천하고 있다. 랑랑은 무대에 오르면 음악과 깊이 연결되는 완전한 집중 상태에 빠져 손가락이 피아노 건반 위에서 춤을 추며 관객을 사로잡는 예술성을 발휘한다.

스티브 잡스와 같은 기업가들은 자신의 일에 몰입하는 모습을 보여준다. 잡스는 기술 산업을 변화시킨 제품의 디자인과 혁신에 깊이 파고들며 애플에서의 업무에 대한 집중과 열정으로 유명했다.

J.K. 롤링과 같은 작가는 문학적 걸작을 창작할 때 몰입을 구현한다. 롤링은 해리 포터의 첫 번째 책을 집필하는 동안 몰입 상태를 유지함으로써 창의력과 상상력을 마음껏 발휘할 수 있었고, 그 결과 세계적인 문학 현상을 일으킬 수 있었다.

수술의 세계에서도 숙련된 외과의사는 복잡한 수술 중에 몰입한다. 흔들림 없는 집중력과 흐름을 통해 복잡한 수술을 정밀하고 성공적으로 수행할 수 있다.

일론 머스크를 비롯한 기술 혁신가들은 자신의 커리어에서 몰입의 전형을 보여준다. 머스크는 SpaceX와 Tesla와 같은 야심 찬 프로젝트에 몰입할 수 있는 능력을 바탕으로 문제 해결과 계획에 박차를 가하여 획기적인 기술 발전을 이끌어낸다.

파블로 피카소 같은 예술가들은 창작 과정에 몰입하는 모습을 보여준다. 피카소는 몰입 상태를 통해 캔버스와 하나가 되어 시대를 초월한 걸작을 통해 자신의 예술적 비전을 표현할 수 있었다.

과학의 영역에서도 마리 퀴리 같은 사람은 연구와 발견에 몰입하는 모습을 보여준다. 과학적 탐구에 대한 퀴리의 헌신과 집중은 방사능 분야의 선구적인 연구로 이어졌다.

이러한 각각의 실제 사례에서 몰입은 성공의 원동력이 된다. 흐름을 받아들이고 업무에 온전히 집중함으로써 자신의 잠재력을 최대한 활용하고 몰입의 물결을 타고 커리어에서 탁월한 성과를 거둘 수 있다. 파도를 타는 서퍼처럼 이들은 놀라운 성취를 향해 나아가며 각자의 분야에서 지속적인 영향력을 남긴다.

4장

단순한 것에서 행복 찾기

1 | 일상의 순간에서 행복찾기

이는 보통 사람들이 무시하거나 당연하게 여기는 일상적인 순간들에서 행복과 만족을 발견하는 것을 의미한다. 이것은 우리에게 기쁨과 충족을 주는 작은 것들의 아름다움과 중요성을 인지하고 감사하는 것을 포함한다.

우리의 바쁜 삶에서는 종종 우리 주변의 간단한 즐거움들을 간과하고 있다. 우리는 위대한 업적을 추구하거나 끊임없이 외부적인 행복의 원천을 찾는 데 몰입할 수 있다. 하지만 우리가 간단한 즐거움들에서 기쁨을 발견할 때, 우리는 행복이 지금, 여기, 우리가 있는 곳에서 찾을 수 있다는 것을 깨닫게 된다.

단순한 즐거움들에서 기쁨을 발견하는 것은 천천히 걸음을 멈추고, 현재에 집중하며, 삶을 특별하게 만드는 작은 세부사항들에 주의하는 것이다. 이것은 끊임없이 다음 큰 것을 쫓는 것보다 현재 순간에서 행복을 찾는 것이다.

학문적 관점에서 자기계발의 영역에서 중요한 의미를 갖는 개념이다. 이는 거창한 성취나 물질적 소유만을 추구하기보다는 삶의 기본적이고 종종 간과되는 측면으로부터 만족을 인식하고 이끌어내는 것을 포함한다. 이 개념은 만족과 성취에 대한 인간의 근본적인 욕구를 반영하는 다양한 철학적, 심리적 이론에 뿌리를 두고 있다.

철학적 관점에서 금욕주의와 불교와 같은 고대 전통은 현재 순간에 만족을 느끼는 가치를 강조한다. 예를 들어 금욕주의는 우리가 통제할 수 있는 것에 초점을 맞추고 외부 상황의 제한을 받아들이는 실천을 장려한다. 단순한 즐거움에서 기쁨을 찾음으로써 개인은 예측할 수 없는 외부 사건에도 흔들리지 않는 내적 평화와 회복력을 발전시킬 수 있다.

불교의 가르침은 마음챙김이라는 개념을 중심으로 전개되며, 개인이 판단하지 않고 매 순간에 온전히 존재하고 주의를 기울이도록 한다. 마음챙김을 통해 사람들은 음식을 정성스럽게 음미하거나 자연의 아름다움을 감상하거나 타인에게 친절을 베푸는 등 일상의 미묘한 기쁨을 느낄 수 있다.

심리학 연구에서도 단순함에서 행복을 찾는다는 생각을 뒷받침한다. '쾌락적 적응'이라는 개념에 따르면 인간은 긍정적인 사건과 부정적인 사건을 모두 경험한 후 기본 수준의 행복으로 돌아가는 경향이 있다. 따라서 물질적 부나 끊임없는 성취를 추구하는 것은 일시적인 행복을 가져다줄 수는 있지만 지속적인 기쁨을 유지하지 못한다. 반대로 단순한 즐거움에서 만족감을 찾으면 일상에서 지속적인 행복의 순간을 경험할 수 있다.

웰빙과 번영에 초점을 맞춘 분야인 긍정 심리학은 감사와 긍정적인 감정이 전반적인 삶의 만족도를 높이는 데 중요하다는 사실을 인정한다. 단순한 즐거움에 감사하는 마음을 키우면 개인은 부족한 것에 초점을 맞추는 대신 자신이 가진 것에 감사할 수 있어 심리적 웰빙을 향상시킬 수 있다.

단순한 즐거움에서 기쁨을 찾는다는 생각은 최근 떠오르는 미니멀리즘 분야와도 일맥상통한다. 미니멀리즘은 개인이 자신에게 진정으로 중요한 것에 우선순위를 둠으로써 육체적, 정신적으로 삶을 정리하도록 권장한다. 필수적인 것에 의도적으로 집중하면 삶을 풍요롭게 하는 소소한 기쁨에 더 감사하게 되고, 개인이 더 의미 있는 존재가 될 수 있다.

단순한 즐거움에서 기쁨을 찾는다는 개념은 학문적 관점에서 자기 계발의 맥락에서 중요한 위치를 차지한다. 철학적 지혜, 심리학 연구, 미니멀리즘과 같은 현대적 개념을 바탕으로 현재에 충실하고, 감사하는 마음을 기르고, 삶의 가장 단순한 측면에 내재된 아름다움을 인식하는 것이 중요하다는 점을 강조한다. 이러한 관점을 수용함으로써 개인은 전반적인 웰빙을 향상하고 자아 발견의 여정에서 더 깊은 만족감과 성취감을 찾을 수 있다.

◈ 긍정 심리학 ◈

긍정 심리학은 인간의 강점, 웰빙, 최적의 기능에 대한 과학적 연구에 초점을 맞춘 심리학의 한 분야이다. 20세기 후반에 정신 질환과 장애를 치료하는 데 초점을 맞추던 심리학의 전통에 대한 대응으로 등장했다. 긍정 심리학은 인간 행동에서 무엇이 잘못되었는지를 조사하는 대신 무엇이 옳은지, 개인이 삶에서 번창하고 번성할 수 있는 방법을 탐구한다.

주요 목표는 인간의 행복, 성취감, 삶의 만족도에 기여하는 요인을 이해하는 것이다. 이 분야의 연구자들은 긍정적인 감정(예 : 기쁨, 감사, 사랑), 인격의 강점과 미덕(예 : 친절, 용기, 지혜), 의미 있는 관계, 개인적인 목표와 가치 추구와 같은 긍정적인 인간 경험의 다양한 측면을 연구한다.

긍정적인 감정의 중요성과 전반적인 웰빙에 미치는 영향을 강조한다. 예를 들어, 연구에 따르면 감사, 친절, 동정심과 같은 경험은 순간적인 행복을 가져다줄 뿐만 아니라 정신 건강과 삶의 만족도에 장기적인 영향을 미치는 것으로 나타난다.

긍정 심리학의 핵심 개념 중 하나는 활동에 완전히 몰입하고 참여하는 상태인 '흐름Flow'입니다. 개인이 몰입을 경험할 때 그들은 현재의 순간에 완전히 몰입하게 되고, 그들의 기술은 그들이 직면한 도전과 일치하여 성취감과 즐거움을 느끼게 된다.

긍정 심리학 개입은 웰빙과 행복을 향상시키기 위한 연구 결과를 실제로 적용한 것이다. 이러한 개입에는 긍정적인 감정과 삶의 목적의식을 증진하기 위한 감사 일기 작성, 친절한 행동 또는 마음챙김 연습이 포함될 수 있다.

긍정 심리학은 인간의 강점, 미덕, 긍정적인 감정을 이해하고 배양하여 전반적인 웰빙을 개선하고 개인을 보다 만족스럽고 번영하는 삶으로 이끌고자 하는 학문 분야이다.

◈ 미니멀리즘 ◈

미니멀리즘은 단순함, 정리정돈, 의도적인 생활을 중심으로 하는 라이프스타일이자 철학이다. 미니멀리즘은 자신의 웰빙이나 개인적 성장에 크게 기여하지 않는 불필요한 물질적 소유, 산만함, 약속을 버리면서 필수적인 것에 집중하고 우선순위를 정하려는 의식적인 결정이 특징이다.

미니멀리즘의 핵심은 삶을 단순화하여 의미 있는 경험, 관계, 개인적인 성취를 위한 더 많은 공간을 만드는 것이다. 미니멀리즘은 성공과 행복의 척도로 소유의 축적을 조장하는 소비주의 문화에서 벗어나도록 개인을 격려한다.

미니멀리즘의 원칙은 물리적 소유, 시간 관리, 심지어 정신적, 정서적 웰빙을 포함한 삶의 다양한 측면에 적용될 수 있다. 미니멀리즘의 몇 가지 주요 측면은 다음과 같다.

1) 정돈

미니멀리스트는 삶에 가치와 즐거움을 더하는 물건만 소유하고 보관하는 것을 목표로 한다. 생활공간을 깔끔하게 정리하고, 쓸모없고 스트레스를 유발할 수 있는 불필요한 물건은 치운다.

2) 의도적인 소비

구매 결정에 신중을 기한다. 충동적인 구매나 불필요한 소비를 피하고 자신의 필요와 가치에 부합하는 물건을 구입하는 데 집중한다.

3) 양보다 질

많은 양의 물건을 소유하는 대신 품질을 우선시한다. 오랫동안 사용할 수 있는 잘 만들어지고 내구성이 좋은 물건에 투자하여 지속적인 교체 필요성을 줄인다.

4) 시간과 관심

시간과 주의를 어떻게 소비하는지 의식한다. 중요하지 않거나 소모적인 약속에 너무 많은 시간을 할애하기보다는 기쁨과 성취감을 주는 활동, 취미, 관계에 집중하려고 노력한다.

5) 물질주의로부터의 자유

미니멀리즘을 수용함으로써 개인은 종종 끊임없는 소유 욕구에서 벗어나는 자유로움을 경험한다. 이러한 사고방식의 변화는 이미 가지고 있는 것에서 만족감을 찾고 삶의 소소한 즐거움에 감사하는 마음을 키울 수 있게 해준다.

6) 환경적 영향

미니멀리즘은 환경을 생각하는 라이프스타일로도 볼 수 있다. 소비와 낭비를 줄임으로써 보다 지속 가능하고 친환경적인 생활 방식에 기여한다.

미니멀리즘은 매우 개별화된 접근 방식이라는 점에 유의하는 것이 중요하다. 획일적인 정의는 없으며, 사람마다 미니멀리즘을 받아들이는 정도는 다를 수 있다. 어떤 사람들은 극단적인 축소와 아주 적은 소유물과 함께 사는 것에 초점을 둔 좀 더 극단적인 형태를 채택할 수 있는 반면, 다른 사람들은 개인적인 가치와 상황에 맞는 온건한 접근 방식을 선택할 수

PART 1 몰입의 이해와 중요성

있다.

전반적으로 미니멀리즘은 삶을 단순화하고, 방해 요소를 제거하며, 진정으로 중요한 것을 위한 공간을 확보하여 삶의 여정에서 더 깊은 만족감, 목적 및 명료성을 갖도록 한다.

2 일상 활동에 대한 마음챙김과 몰입의 힘

한 유명한 대학의 북적이는 홀에서 한 무리의 학자들이 모여 과학계의 관심을 끌었던 주제, 즉 마음챙김과 몰입을 통해 일상 활동을 향상시킬 수 있는 잠재력에 대해 논의했다. 심리학, 신경과학, 철학 등 다양한 분야의 학자들이 모여 인간 마음의 신비와 마음챙김의 변화 효과를 밝히기 위해 노력하고 있다.

저명한 심리학자인 존슨 박사가 호기심과 설렘으로 가득 찬 눈빛으로 그룹 앞에 섰다. 그는 마음챙김^{mindfulness}의 개념, 즉 현재 순간의 생각, 감정, 감각을 집중적으로 인식하고 판단하지 않고 관찰하는 상태를 설명하는 것으로 시작했다. 그는 이러한 정신 수련을 통해 개인이 일상 활동에 더욱 온전히 몰입하여 내면에 숨겨진 잠재력을 발휘할 수 있다고 강조했다.

"마음챙김을 통해 개인은 지금 여기에 몰입할 수 있다."라고 존슨 박사는 열정적으로 말했습니다. "이러한 깊은 몰입은 인지 기능, 창의성, 감정 조절을 향상시켜 웰빙과 전반적인 삶의 만족도를 높입니다."

노련한 신경과학자인 파텔 박사는 그룹에 신경생물학적 통찰력을 제공하였다. "최근 신경 영상 연구에 따르면 마음챙김은 특히 주의력 및 감정 처리와 관련된 영역에서 뇌의 구조적 변화를 일으킬 수 있는 것으로 나타났습니다."라고 그는 설명한다. "이러한 변화는 일상 활동 중 집중력과 정서적 회복력을 향상시켜 개인이 업무에 완전히 몰입할 수 있는 '흐름' 상태를 조성하는 데 기여한다."

참석자들은 이러한 연구 결과가 삶의 다양한 측면을 개선하는 데 잠재적인 영향을 미칠 수 있음을 인식하고 열심히 경청했다. 철학자인 카터 박사는 자신의 관점을 덧붙였다. "마음챙김은 개인이 자신과 주변 세계에 대해 더 깊이 이해하는 데 도움이 됩니다."라고 그는 말했다. "이렇게 높아진 인식을 통해 사람들은 가장 단순한 활동에서도 기쁨을 찾을 수 있고, 평범한 일상에서 의미를 발견할 수 있다."

카터 박사는 자신의 요점을 설명하기 위해 일상적인 업무 중에 온전히 집중함으로써 설거지를 하거나 공원을 여유롭게 산책하는 것에서 위안을 찾은 사람들의 일화를 공유했다. "평범해 보이는 이러한 활동은 자기 성찰과 사색의 통로가 되어 현재의 순간에 대한 깊은 감사로 이어집니다."라고 그는 설명했다.

학자들은 마음챙김이 일상의 경험을 풍요롭게 하는 데 심오한 영향을 미친다는 데 동의하며 고개를 끄덕였다. 이들은 마음챙김이 각 계각층 개인의 삶의 질을 향상시킬 수 있는 잠재력을 더 연구하고 싶어 했다.

토론이 계속되면서 학자들은 마음챙김과 몰입의 힘은 심리적, 신경학적 효과뿐만 아니라 연민과 연결성을 증진하는 능력에도 있다는 사실을 깨달았다. 다른 사람과의 상호작용에 온전히 집중함으로써 개인은 관계를 더욱 돈독히 하고 공감과 이해의 폭을 넓힐 수 있다.

학자들은 마음챙김과 일상 활동에 대한 몰입이 서로 얽혀 있으며 개인의 성장과 변화를 위한 엄청난 잠재력을 가지고 있다는 데 동의했다. 마음챙김을 함양함으로써 개인은 삶의 가장 단순한 측면에서도 기쁨과 의미를 찾을 수 있는 힘을 얻을 수 있다. 이러한 심오한 이해는 개인에게 도움이 될 뿐만 아니라 보다 자비롭고 조화로운 사회에도 기여할 수 있다.

3 간결함의 아름다움

간결함의 핵심은 가능한 한 가장 적은 단어를 사용하여 심오한 아이디어와 감정을 명확하고 정확하게 전달하는 기술이다. 간결함은 종종 정보와 복잡성에 압도당하는 세상에서 단순함의 등대와 같은 역할을 한다.

간결함의 아름다움은 집중력을 높이고 다른 사람과의 관계를 강화하는 능력에 있다. 신중하게 단어를 선택함으로써 우리는 더 큰 영향력으로 의도를 전달하고 듣는 사람들에게 깊은 인상을 남긴다. 이처럼 간결함은 의미 있는 관계를 구축하고 긍정적인 변화를 불러일으키는 강력한 도구가 된다.

간결함의 실천은 자기 인식에서 시작된다. 자신의 생각과 말을 관찰함으로써 불필요한 단어가 표현을 복잡하게 만드는 부분을 파악할 수 있다. 의도적인 노력을 통해 핵심 메시지를 희생하지 않고 커뮤니케이션을 단순화하는 방법을 배울 수 있다. 이렇게 새롭게 발견한 명료함은 언어를 넘어 우리의 행동과 일상에까지 영향을 미친다.

　필수 작업의 우선순위를 정하고 불필요한 산만함을 없애면 몰입형 경험을 위한 공간이 만들어진다. 간결함을 수용하면 과도한 복잡성에 얽매이지 않고 그 순간에 온전히 집중할 수 있으며 삶의 풍요로움을 경험할 수 있다.

　간결함은 성찰에서도 그 자리를 찾는다. 생각을 본질에 집중함으로써 우리는 자신과 감정에 대해 더 깊이 이해할 수 있다.

　간결함을 삶에 통합할 때 우리는 변화와 성장의 잠재력을 발휘할 수 있다. 간결함의 우아함은 자기계발 여정의 모든 측면에 스며들어 우리를 더 깊은 이해와 성취로 이끌어 준다. 간결함의 아름다움을 받아들임으로써 우리는 목적과 의도, 단순함의 우아함을 가지고 살아갈 수 있도록 영감을 준다.

4 소소하지만
의미 있는 일상의 기쁨

몰입은 개인이 일상의 평범한 순간에 온전히 몰입하고 그 순간에 존재하도록 장려하며, 단순해 보이는 경험 속에 숨겨진 마법과 성취감을 발견하도록 한다.

'몰입'의 세계에서는 진정한 성취가 위대한 업적이나 특별한 사건에만 의존하지 않는다는 것을 이해해야 한다. 그 대신 일상을 구성하는 평범한 순간에 온전히 몰입하는 데 있다. 인식과 감사를 키움으로써 작지만 의미 있는 기쁨 속에서 아름다움과 풍요로움을 발견할 수 있다.

몰입을 통해 사람들은 따뜻한 차 한 잔의 온기, 사랑하는 사람의 웃음, 시원한 바람의 부드러운 손길에서 기쁨을 발견하는 등 삶의 미묘함에 자신의 감각을 맞추는 법을 배운다. 현재의 순간을 받아들이는 이들은 가장 단순한 경험에서 발견할 수 있는 만족의 깊이를 발견한다.

이러한 몰입 상태에서 사람들은 매 순간이 소중히 간직되기를 기다리는 보물이라는 것을 인식한다. 방해 요소를 버리고 온전히 현재에 집중하고 몰입하면 주변 세계와의 연결이 더욱 깊어진다.

몰입의 렌즈를 통해 평범한 일상이 특별해진다. 일상은 발견의 기회가 되고, 평범한 순간은 존재의 심오한 아름다움을 들여다볼 수 있는 창이 된다.

일상의 작지만 의미있는 기쁨에 몰입함으로써 개인은 만족과 놀라움의 태피스트리에 둘러싸인 자신을 발견하게 된다. 몰입은 삶의 방식이 되어 평범한 것을 마법으로 승화시키고 매 순간에 목적의식과 성취감을 불어넣어 준다.

'몰입'의 세계에서는 작지만 의미 있는 기쁨을 추구하는 것이 내면의 풍요로움과 깊은 소속감으로 가는 길이 된다. 평범한 순간의 아름다움에 몰입하는 사람들은 인생의 진정한 보물이 특별한 사건뿐만 아니라 매일 주변을 둘러싼 단순한 경이로움에 있다는 것을 발견하게 된다.

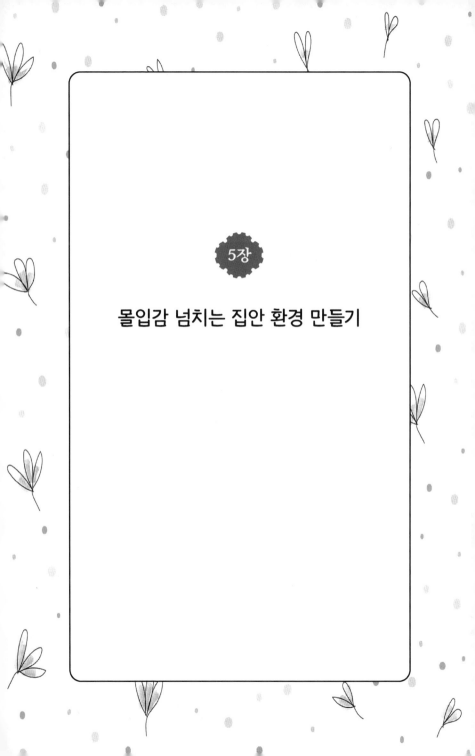

5장

몰입감 넘치는 집안 환경 만들기

1 | 집에서 몰입형 공간 만들기

집에서 몰입형 공간을 만드는 것은 개인을 편안함과 평온함의 고치로 감싸는 안식처를 만드는 것과 같다. 몸과 마음에 영양을 공급하고 깊은 유대감과 소속감을 키우는 환경을 디자인하는 것은 의도적인 노력이다.

장식, 조명, 향기를 신중하게 선택함으로써 몰입형 공간은 감각을 자극하여 개인이 그 순간에 온전히 존재하도록 한다. 물건과 가구의 세심한 큐레이션은 개인의 개성과 열정을 반영하여 내면의 세계를 반영하는 공간으로 만들어 준다.

집은 외부 세상의 소란과 분주함으로부터 안식과 회복을 찾을 수 있는 안전한 곳으로서 안식처 역할을 한다. 집은 일상생활의 소란 가운데서 여유를 즐기고, 기운을 회복하며 평온함을 재발견할 수 있는 장소가 된다.

또한 창의성과 자기 표현을 위한 공간을 제공한다. 집은 사람들이 독서, 그림 그리기, 또는 공상하는 등 기쁨과 만족을 주는 활동에 참여하도록 격려한다.

몰입형 공간은 개인적 혜택 외에도 관계 형성을 위한 공간이 되기도 한다. 사람들과의 모임을 위한 매력적인 배경이 되어 의미 있는 관계를 형성하고 추억을 공유할 수 있다.

집에서 몰입할 수 있는 공간을 만드는 것은 지극히 개인적이고 의도적인 과정이다. 단순한 미적 감각을 넘어 개인의 본질과 공명하고 행복감을 키우는 분위기를 조성하는 것이다.

2 | 휴식, 창의성, 성찰을
촉진하는 공간 디자인

휴식, 창의성, 성찰을 촉진하는 공간 디자인은 개인의 성장과 변화를 위한 바탕이 된다. 이러한 환경은 몸과 마음, 정신 사이의 조화로운 균형을 조성하여 내면의 탐구와 발전을 위한 육성 공간을 제공하도록 신중하게 선별되었다.

이 공간 디자인의 핵심은 휴식의 개념이다. 감각을 진정시키고 마음을 안정시키는 고요한 분위기를 조성하는 것이다. 부드러운 조명, 자연스러운 요소, 편안한 가구가 일상의 긴장을 풀고 긴장을 완화하는 데 도움을 준다. 이 고요한 분위기에서 마음챙김과 명상을 연습하거나 단순히 고요한 순간을 찾아 재충전하고 활력을 되찾을 수 있다.

이 몰입형 공간의 디자인에서 창의성은 안식처를 찾는다. 전용 아트 스튜디오나 미술 용품이 비치된 코너 등 자기 표현과 실험을 장려하는 환경이 조성되어 있다. 외부의 압력에 구애받지 않고 자신의 내면을 반영하는 예술적 노력에 감정과 아이디어를 쏟아 부으며 창의성을 탐구할 수 있다.

자기 성찰은 자기계발의 초석이며, 몰입형 공간은 성장의 필수적인 측면을 충족한다. 일기를 쓰거나 사색에 잠기거나 단순히 자신의 생각에 집중할 수 있는 아늑한 공간이 마련되어 있다. 이 디자인은 성찰을 장려하여 개인이 자신의 내면을 깊이 들여다보고 감정을 이해하며 개인적인 여정에 대한 귀중한 통찰력을 얻을 수 있도록 한다.

공간 디자인에 자연의 요소를 도입하면 자연과 깊은 유대감을 형성할 수 있다. 실내 식물, 차분한 수경 시설, 흙빛 색상은 안정감과 조화로운 느낌을 불러일으킨다.

이 몰입형 공간은 또한 유연성과 적응성을 포용한다. 개인의 변화하는 요구와 관심사에 맞게 쉽게 재구성할 수 있다. 개인의 성장은 끊임없이 진화하는 과정이므로 환경은 개인의 새로운 관심사와 열정을 탐구할 수 있도록 지원해야 한다.

잘 설계된 몰입형 공간은 자아 발견과 개인적 변화를 위한 촉매제가 된다. 개인이 내면의 풍경을 탐색하고 두려움에 맞서며 자신의 강점을 포용할 수 있는 안식처가 된다. 이 환경은 자기계발 여정에서 부드러운 안내자 역할을 하며 성공과 좌절 모두를 위한 양육 배경을 제공한다.

또한 이 몰입형 공간은 자기 연민을 조장한다. 개인이 판단 없이 자신의 취약성을 포용하고 결점을 포용할 수 있는 곳이다. 자신을 온전히 받아들임으로써 자기 수용의 길에 들어서고, 진정으로 성장하고 진화할 수 있는 힘을 얻게 된다.

3 | 몰입형 가정 환경이 긍정적인 영향을 미친다

몰입감 있는 가정환경을 조성하면 개인의 성장과 만족을 지원하는 조화롭고 양육적인 공간을 조성하여 전반적인 웰빙에 긍정적인 영향을 미친다. 이러한 환경은 거주자의 신체적, 정서적, 심리적 필요를 충족하도록 세심하게 설계되어 연결감과 마음챙김을 장려한다.

이러한 몰입형 환경에서 집은 단순한 물리적 구조물이 아니라 영혼을 키우는 안식처로 변모한다. 부드러운 자연광, 신선한 꽃이나 에센셜 오일의 은은한 향기 등 자연적인 요소는 차분한 분위기를 조성하여 외부 세계로부터 긴장을 풀고 위안을 찾을 수 있도록 한다.

정서적 웰빙은 긍정적인 감정과 소중한 추억을 불러일으키는 사려 깊은 장식과 의미 있는 물건을 통해 조성된다. 공간 배치는 사회적 상호 작용과 연결을 장려하여 가족 구성원과 방문객 간의 소속감을 강화시켜 준다.

몰입형 집안 환경은 또한 휴식과 회복의 중요성을 인식한다. 침실은 차분한 색상과 편안한 가구로 편안한 수면과 휴식을 취할 수 있도록 꾸며졌다. 홈 오피스나 창의적인 공간은 개인이 자신의 열정과 자기 표현을 탐구하도록 영감을 준다.

자연, 예술, 개인적인 관심사 등의 요소를 통합한 몰입형 홈 환경은 개인의 성장과 자아 발견을 위한 촉매제가 된다.

개인이 이러한 환경에 몰입하면 다양한 차원에서 웰빙에 긍정적인 영향을 미친다. 정서적 회복력이 증가하고, 인지 집중력이 향상되며, 삶의 단순한 기쁨에 대해 더 깊은 감사를 느끼게 된다. 몰입형 가정 환경은 자기 관리의 중요성을 지속적으로 상기시키고 가정 내 웰빙 문화를 조성한다.

몰입형 가정 환경을 조성하는 것은 의도와 마음챙김의 여정, 즉 개인이 진정한 자아를 탐구하고 키울 수 있는 공간이 된다. 개인이 집이라는 안락함과 지원 속에서 성장하고 발전하며 꿈을 추구할 수 있는 영감을 얻음으로써 권한 부여 의식을 키울 수 있다.

6장

몰입과 스트레스 관리

1 | 몰입과 스트레스 관리의 이해

     빠르게 변화하는 현대 사회에서 스트레스는 특히 업무 환경에서 일상생활의 일부가 되었다. 몰입은 깊은 몰입과 주의를 사로잡는 능력으로 스트레스 관리를 위한 강력한 도구를 제공한다. 활동, 취미 또는 경험에 몰입하면 현재 순간에 완전히 몰입하고 집중하는 흐름^{Flow} 상태에 빠지게 된다. 이러한 몰입 상태는 기쁨과 성취감을 가져다줄 뿐만 아니라 스트레스를 완화하고 전반적인 웰빙을 증진하는 데도 도움이 된다.

1) 흐름과 몰입에 대한 이해

     흐름이란 심리학자 미하이 칙센트미하이$^{Mihaly\ Csikszentmihalyi}$가 설명한 심리적 상태로, 개인이 완전히 몰입하고 자신의 행동을 완전히 통제할 수 있다고 느끼는 상태이다. 흐름을 경험하면 시간이 금방 지나가는 것 같고 당면한 작업에 완전히 몰입하게 된다. 몰입은 흐름^{Flow} 상태로 들어가는 문 역할을 하므로 흐름과 밀접한 관련이 있다. 흥미를 끌고 자신의 능력에 도전하는 활동에 참여하면 흐름이 촉발되어 일시적으로 걱정과 산만함에서 벗어나 스트레스를 줄일 수 있다.

2) 몰입의 스트레스 완화 효과

몰입형 활동에 깊이 들어가면 주의가 완전히 집중되고 스트레스 요인에 대한 반추에서 벗어나 마음의 안정을 찾게 된다. 끊임없는 걱정에서 벗어나면 몸이 이완되어 코르티솔^{cortisol}과 같은 스트레스 호르몬의 분비가 줄어든다. 몰입은 일상생활의 요구와 압박에서 벗어나 상쾌한 휴식을 제공하는 일종의 건강한 도피처이다. 또한 몰입 경험의 즐거움과 성취감은 긍정적인 기분 전환으로 이어져 스트레스를 더욱 완화할 수 있게 된다.

3) 마음챙김과 몰입

마음챙김과 몰입은 그 순간에 집중하고 현존하는 것과 같은 공통 요소를 공유한다. 두 가지 수행법 모두 비판적 인식 상태를 촉진한다. 마음챙김과 몰입 활동을 결합하면 강력한 스트레스 해소 시너지 효과를 낼 수 있다. 마음챙김 그림 그리기, 몰입 명상, 깊은 휴식의 순간을 음미하는 등 마음챙김과 몰입의 결합은 더 큰 평화와 평온함을 조성하여 스트레스 관리를 향상시킨다.

4) 업무와 몰입감 넘치는 경험의 균형

바쁜 일정을 소화해야 하는 직장인이나 개인에게는 몰입형 경험을 위한 시간을 찾는 것이 어려울 수 있다. 하지만 효과적인 스트레스 관리를 위해서는 몰입을 위한 시간을 확보하는 것이 중요하다. 짧은 몰입의 순간을 일상에 통합하면 전반적인 웰빙이 크게 향상될 수 있고 업무 중 몰입의 순간을 찾거나, 여가 시간에 몰입형 취미를 접목하거나, 재충전을 위해 자연 산책을 즐기는 등 몰입에 대한 균형 잡힌 접근 방식은 스트레스 관리 개선에 도움이 된다.

5) 몰입하는 습관 기르기

몰입의 스트레스 감소 효과를 충분히 누리려면 의도적으로 몰입하는 습관을 기르는 것이 중요하다. 진정으로 흥미를 느끼고 도전할 수 있는 활동에 참여하고 마음을 사로잡고 기쁨을 불러일으키는 취미, 창의적인 노력 또는 신체 활동을 추구한다. 무엇이 자신을 몰입 상태로 이끄는지 알아보고, 이러한 경험을 일상생활에 규칙적으로 포함시키기 위해 의식적으로 노력해 본다. 몰입하는 습관을 기르면 스트레스를 관리하고 전반적인 웰빙을 향상시킬 수 있는 탄력적인 토대를 구축할 수 있다.

몰입을 스트레스 관리 도구로 받아들이면 개인이 자신의 웰빙을 관리하고 일상생활의 압박에서 벗어나 휴식을 취할 수 있다. 몰입 상태에 들어가 몰입 경험에 참여함으로써 개인은 스트레스를 줄이고, 마음챙김을 기르며, 긍정적인 시각을 키울 수 있다. 창의적인 활동, 자연 탐험, 마음챙김 수련 등 몰입의 힘은 스트레스에 대처하는 방식을 변화시켜 보다 균형 잡히고 만족스러운 삶으로 이끌 수 있다.

2 | 몰입이 스트레스 감소에 미치는 영향

몰입이 스트레스 감소에 미치는 영향은 심오하면서도 변화무쌍하다. 주의를 완전히 사로잡는 활동, 경험 또는 취미에 몰입하면 완전히 몰입하고 집중하는 상태인 흐름^{Flow} 상태에 빠져들게 된다. 이 상태에서는 시간이 금방 지나가는 것 같고 걱정은 사라지며 깊은 성취감이 생긴다. 몰입은 일상생활의 압박과 스트레스 요인에서 벗어나 마음의 소음을 차단하고 현재의 평온함을 찾을 수 있는 강력한 탈출구를 제공한다.

몰입형 경험을 하는 동안 개인은 완전히 몰입하게 되고, 주의는 전적으로 당면한 과제에 집중하게 된다. 이렇게 높아진 집중력은 현대 생활의 끊임없는 산만함과 요구에서 벗어나 편안한 휴식을 제공한다. 몰입 상태에서는 걱정, 불안, 부정적인 사고 패턴에서 일시적으로 벗어날 수 있어 정신적으로 필요한 휴식을 취할 수 있다.

종종 긍정적인 감정 상태로 이어진다. 몰입 상태에서 느끼는 성취감과 만족감은 행복감, 기쁨, 만족감을 불러일으킨다. 긍정적인 감정은 스트레스에 대한 완충제 역할을 하여 개인이 어려움에 직면했을 때에도 보다 낙관적인 시각을 유지할 수 있도록 도와준다.

정서적 이점 외에도 스트레스 감소에 기여하는 생리적 효과도 있다. 몰입형 활동에 참여하면 신체의 이완 반응이 촉발되어 코르티솔cortisol과 아드레날린adrenaline과 같은 스트레스 호르몬이 감소한다. 스트레스 호르몬이 가라앉으면 몸과 마음이 평온하고 이완되는 느낌을 받게 된다.

또 다른 중요한 측면은 몰입하는 동안 개인이 경험하는 통제감과 숙달감이다. 개인은 자신이 능숙하고 즐기는 활동에 참여할 때 유능감과 자기 효능감을 얻게 된다. 이러한 성취감은 자신감을 높여 스트레스와 역경에 직면했을 때 회복력을 높여준다.

또한 몰입은 마음챙김 연습의 한 형태가 될 수 있다. 판단이나 집착 없이 몰입 경험에 온전히 집중하면 과거의 걱정과 미래에 대한 불안에서 벗어날 수 있다. 이러한 마음챙김 상태는 더 큰 평화와 수용감을 조성하여 후회와 불확실성과 관련된 스트레스를 줄여준다.

몰입이 스트레스 감소에 미치는 영향은 다방면에 걸쳐 매우 유익하다. 의미 있는 활동에 몰입함으로써 개인은 스트레스에서 잠시나마 벗어나 긍정적인 정서를 함양하고 회복력을 키울 수 있다. 몰입은 평온과 웰빙으로 가는 길을 제시하여 현대 생활의 혼란 속에서 위안을 찾을 수 있게 해준다. 스트레스 관리의 도구로 몰입을 수용하면 보다 균형 잡힌 삶을 살 수 있다.

3 | 몰입과 스트레스 관리를 위한 실용적인 기법

몰입과 스트레스 관리를 위한 실용적인 기법을 일상생활에 도입하는 것은 변화와 힘을 주는 경험이 될 수 있다. 마음과 정신에 깊이 몰입할 수 있는 활동과 경험에 몰입함으로써 스트레스를 효과적으로 줄이고 균형 감각과 웰빙을 키울 수 있다.

몰입과 스트레스 관리의 핵심 측면 중 하나는 몰입의 순간을 일상에 접목할 수 있는 기회를 찾는 것이다. 이는 매일 몇 분씩 시간을 내어 마음챙김을 연습하거나 기쁨과 휴식을 가져다주는 취미에 참여하는 것만큼이나 간단할 수 있다. 이러한 몰입의 순간을 의식적으로 만들어 나감으로써 우리는 바쁜 일상 속에서 작은 평온을 얻을 수 있게 된다.

몰입할 수 있는 취미와 창작 활동을 키우는 것도 스트레스 해소를 위한 또 다른 강력한 기술이다. 흥미를 끌고 자신의 능력에 도전하는 활동에 참여함으로써 우리는 흐름의 상태에 들어갈 수 있게 된다. 그림 그리기, 글쓰기, 정원 가꾸기, 악기 연주 등 이러한 몰입형 취미 활동은 스트레스에서 벗어날 수 있는 좋은 탈출구가 되어주고 성취감을 선사한다.

효과적인 스트레스 관리를 위해서는 업무와 몰입감 넘치는 경험의 균형을 맞추는 것이 필수적이다. 업무에 대한 요구가 강렬할 수 있지만, 업무에 몰입할 수 있는 순간을 만드는 방법을 찾는다면 큰 차이를 만들 수 있다. 여기에는 짧은 휴식을 취하며 마음챙김 호흡을 하거나 고도의 집중력이 필요한 작업에 참여하여 업무 중에도 몰입할 수 있는 기회를 만드는 것이 포함될 수 있다.

또한, 마음챙김을 몰입형 활동과 결합하면 스트레스 관리 능력을 향상시킬 수 있다. 마음챙김 연습은 판단 없이 그 순간에 온전히 존재하도록 장려하여 경험에 완전히 몰입할 수 있도록 한다. 몰입에 대한 이러한 마음챙김 접근 방식은 평화와 자각의 감각을 심화시켜 스트레스 감소 효과를 더욱 뚜렷하게 만들어 준다.

몰입과 스트레스 관리를 위한 실용적인 기술은 현대 생활의 어려움을 보다 쉽고 탄력적으로 헤쳐나갈 수 있는 로드맵을 제시한다. 몰입의 순간을 의식적으로 활용하고, 취미를 키우고, 일과 몰입의 균형을 맞추고, 마음챙김과 경험을 결합함으로써 우리는 스트레스를 줄이고 전반적인 웰빙을 향상시키는 양육 환경을 조성할 수 있다. 이러한 기술을 통해 스트레스 수준을 조절하고 몰입의 힘을 받아들여 보다 만족스럽고 조화로운 삶을 영위할 수 있다.

4 　 업무와 몰입
　　 경험의 균형 맞추기

　　일과 몰입 경험의 균형을 맞추는 것은 직업 생활의 요구와 우리를 깊이 몰입시키고 성취감을 주는 활동을 조화시킬 수 있는 방법을 찾는 것이다. 이는 업무에 대한 책임감과 좋아하는 활동에 완전히 몰입하고 몰입하는 순간에 대한 필요성 사이에서 섬세하게 춤을 추는 것과 같다.

　이러한 균형을 이루기 위해서는 업무에서 자연스럽게 동기를 부여하고 흥미를 유발하는 측면을 파악하는 것부터 시작할 수 있다. 열정을 불러일으키는 특정 프로젝트, 업무 또는 책임이 될 수 있다. 이러한 기회를 인식하고 수용함으로써 업무 일정에 전념할 수 있는 시간을 할당하여 온전히 몰입할 수 있게 된다.

　명확한 경계를 설정하는 것도 중요하다. 번아웃을 예방하려면 업무 시간과 개인 시간 사이에 뚜렷한 경계를 설정해야 한다. 업무 시작과 종료 시간을 구체적으로 정하여 에너지를 재충전할 수 있는 개인 활동과 취미를 위한 시간을 확보하는 것이 중요하다.

업무 루틴에 짧은 몰입형 휴식 시간을 도입하는 것도 또 다른 강력한 기술이다. 격렬한 업무 시간 동안 잠시 시간을 내어 흐름의 상태에 들어갈 수 있는 활동에 참여하면 마음을 재충전하고 창의력을 키울 수 있다. 마음챙김 운동, 간단한 신체 움직임, 사색의 시간 등이 모두 몰입감을 높이는 데 도움이 될 수 있다.

업무 외적으로 몰입할 수 있는 취미를 키우면 업무 관련 스트레스에서 벗어나고 성취감을 느낄 수 있다. 매일 단 몇 분이라도 이러한 활동에 정기적으로 시간을 할애함으로써 열정을 키우고 바쁜 일상 속에서 균형을 찾을 수 있다.

또한 몰입형 취미를 통해 개발한 기술을 활용하여 업무에 적용하는 것도 중요하다. 취미를 통해 습득한 창의적 사고나 문제 해결 능력을 업무에 접목하면 업무 성과가 향상될 뿐만 아니라 성취감도 더해진다.

동료들과 함께 창의력을 발휘할 수 있는 프로젝트를 진행함으로써 몰입할 수 있는 업무 환경을 조성하는 것도 균형을 찾는 또 다른 방법이다. 공동 브레인스토밍 세션에 참여하면 팀원들이 의미 있고 혁신적인 업무에 몰입하여 몰입감과 성취감을 키울 수 있다.

마지막으로 디지털 몰입을 염두에 두어야 한다. 온라인 활동과 실제 상호 작용, 사회적 참여, 대면 관계의 균형을 유지하면 건강한 균형을 유지하는 데 도움이 된다.

업무와 몰입 경험 사이의 적절한 균형을 찾는 것은 자기 발견의 여정이다. 몰입의 순간을 의식적으로 업무 생활에 통합하고 업무 외적인 열정을 키우면 더욱 풍요롭고 만족스러운 라이프스타일을 가꿀 수 있다. 이러한 균형을 수용하면 현대 생활의 어려움을 더 큰 목적의식, 기쁨, 웰빙으로 헤쳐 나갈 수 있다.

5 | 스트레스 해소를
위한 도구로서의 몰입

몰입을 스트레스 해소를 위한 도구로 사용하려면 주의를 사로잡고 마음을 온전히 집중할 수 있는 활동에 몰입해야 한다. '흐름 속에 있다'고도 하는 몰입을 경험할 때, 우리는 일상의 압박과 걱정에서 벗어나 현재의 순간에 깊이 빠져들게 된다.

스트레스 해소를 위한 몰입의 이점은 매우 크다. 몰입형 활동에 참여하면 끊임없이 머릿속을 맴도는 잡념에서 벗어나 필요한 휴식을 취할 수 있다. 몰입하는 순간 스트레스를 유발하는 생각은 사라지고 정신적 휴식을 취하며 재충전할 수 있다.

또 다른 장점은 긍정적인 감정이 생성된다는 것이다. 자신의 관심사와 능력에 맞는 활동에 완전히 몰입하면 성취감과 만족감이 생겨 기쁨과 만족감을 느낄 수 있다. 이러한 긍정적인 감정은 스트레스에 대한 완충제 역할을 하여 어려움에 직면하더라도 긍정적인 시각을 유지할 수 있도록 도와준다.

몰입은 생리적 효과에도 영향을 미친다. 의미 있는 활동에 몰입하면 우리 몸은 이완 반응을 일으켜 코르티솔^{cortisol}과 아드레날린^{adrenaline}과 같은 스트레스 호르몬이 감소한다. 이러한 스트레스 호르몬이 가라앉으면 평온함과 이완감을 경험하게 된다.

또한 몰입은 마음챙김의 한 형태로 볼 수 있다. 판단이나 집착 없이 몰입 경험에 온전히 존재함으로써 우리는 마음챙김을 연습하고, 이를 통해 더 큰 평화와 수용감을 키울 수 있다. 이는 과거에 대한 후회나 미래에 대한 불안과 관련된 스트레스를 줄여준다.

자신의 강점과 관심사에 맞는 활동에 참여하면 통제력과 숙달감을 느낄 수 있다. 유능하고 능력 있다는 느낌은 자신감을 높여주고 스트레스와 도전에 직면했을 때 회복력을 높여준다.

결론적으로 몰입은 스트레스 해소를 위한 강력한 도구로 작용한다. 주의를 사로잡고 자신의 강점과 일치하는 활동에 몰입함으로써 일시적으로 스트레스에서 벗어나 긍정적인 감정을 키우고 이완을 유도하며 전반적인 웰빙을 향상시킬 수 있다. 몰입을 스트레스 해소 전략으로 받아들이면 삶의 압박에 더 큰 회복력과 평온함으로 대처할 수 있는 균형 잡힌 삶을 영위할 수 있다.

PART 2

몰입을 위한
마인드셋 개발

몰입을 위한 사고방식을 개발하려면 인생의 경험에 대해
수용적이고 개방적인 접근 방식을 채택해야 합니다.
즉, 그 순간에 온전히 존재하고, 도전을 배움과 성장의 기
회로 받아들이며, 호기심을 가지고 세상을 이해하려고 노
력해야 합니다. 이러한 사고방식은 자기 인식과 자신 및
타인과의 더 깊은 연결을 장려하여 보다 의미 있고 풍요
로운 자기개발 여정을 가능하게 합니다.
새로운 아이디어, 관점, 활동에 몰입함으로써 개인은 시야
를 넓히고 창의력을 키우며 역경에 직면했을 때 회복력을
키울 수 있습니다. 궁극적으로 몰입을 위한 사고방식을
개발함으로써 개인은 인생의 여정을 온전히 받아들이고
매 순간을 음미하며 지속적인 개인적 성장의 변화의 힘을
발견할 수 있습니다.

1장

깊은 몰입의 기술

1 | 몰입을 위한
자세와 태도

개인이 자신의 경험과 주변 세계에 완전히 몰입하기 위해 취하는 정신적, 정서적 자세를 말한다. 그것은 선입견과 판단에서 벗어나 수용적이고 열린 마음가짐을 기르는 것을 포함한다. 호기심과 경이로움으로 현재의 순간을 받아들인 개인은 각 경험의 풍요로움에 몰입하여 배우고 성장할 준비가 되어 있다.

이러한 태도에는 좌절과 도전이 인생 여정의 자연스러운 부분임을 인정하는 회복력과 수용성도 포함된다. 불확실성과 불완전함을 포용함으로써 개인은 이를 자기 발견과 자기계발의 기회로 본다.

몰입을 위한 자세는 신체적 정렬을 넘어 자신의 행동과 상호작용에 마음챙김을 구현하는 것까지 포함한다. 적극적이고 공감적인 접근 방식을 통해 개인은 다른 사람의 말을 주의 깊게 경청하고 다양한 관점을 이해하려고 노력하며, 의미 있는 연결을 촉진하고 인간 경험의 다양성을 존중한다.

개인이 인생이라는 거대한 태피스트리에 능동적으로 참여할 수 있도록 힘을 실어준다. 자아 발견과 성장의 여정을 받아들임으로써 개인은 몰입의 혁신적 힘을 발휘하여 자신, 타인, 세상과의 관계를 더욱 깊게 하고 모든 경험을 통해 삶을 풍요롭게 할 수 있다.

◈ 학문적 접근 ◈

심리적, 인지적, 행동적 차원에 대한 엄격한 탐구를 포함한다. 심리학, 인지과학, 신경과학, 교육학 등 다양한 분야의 연구자들은 깊고 의미 있는 몰입에 기여하는 요인에 초점을 맞춰 개인이 자신의 경험과 주변 세계에 어떻게 관여하는지를 조사한다.

인지 심리학의 학자들은 몰입의 근간이 되는 인지 과정을 조사하여 개인의 경험에 완전히 몰입할 수 있는 능력을 형성하는 주의력, 지각, 기억 메커니즘을 탐구한다. 집중력, 흐름, 인지 부하와 같은 요소가 몰입의 깊이와 학습 및 기억에 미치는 영향에 어떤 영향을 미치는지 조사한다.

사회 심리학 분야의 연구자들은 몰입에 대한 태도가 대인 관계 및 사회적 연결과 어떤 관련이 있는지 탐구한다. 이들은 다른 사람과의 의미 있는 연결을 촉진하는 수용적인 태도를 기르는 데 있어 공감, 관점 취하기, 감정 조절의 역할을 연구한다.

신경과학의 관점에서 학자들은 신경 영상 기술을 사용하여 몰입과 현재에 집중하는 상태를 유지하는 데 관여하는 뇌 영역의 신경학적 상관관계를 조사한다. 이러한 연구는 몰입의 신경학적 토대와 감정 조절 및 웰빙에 대한 잠재적 영향에 대한 더 깊은 이해에 기여한다.

교육 연구자들은 몰입을 위한 자세와 태도가 학습 결과와 교육 경험에 어떤 영향을 미치는지 탐구한다. 몰입형 학습 환경의 효과, 참여를 촉진하는 교육 방법, 학습에 대한 긍정적인 태도를 키우는 데 있어 내재적 동기의 역할을 조사한다.

또한 '몰입을 위한 자세와 태도'를 연구하는 학문적 접근 방식에는 실험 연구, 설문 조사, 질적 인터뷰, 종단 조사 등 다양한 방법론을 사용한 실증적 연구가 포함된다. 연구자들은 데이터를 수집하고 분석하여 패턴, 추세, 인과 관계를 파악함으로써 이 분야에 대한 증거 기반 지식 축적에 기여한다.

'몰입을 위한 자세와 태도'에 대한 학문적 탐구는 현재 진행형이며 역동적인 과정이다. 학자들은 이러한 구조와 개인의 웰빙, 학습, 사회적 상호 작용에 미치는 영향에 대한 이해를 심화하고자 한다. 이 연구의 학제적 특성은 몰입을 여러 각도에서 포괄적으로 조사할 수 있게 하여 인간의 경험과 발달에 대한 풍부하고 미묘한 이해에 기여한다.

2   현재 순간에 집중해 몰입감 높이기

현재 순간에 집중함으로써 몰입도를 높이는 것은 물리적으로만 존재하는 것이 아니라 정신과 마음까지 온전히 존재하는 마법의 세계로 들어서는 것과 같다.

좋아하는 영화를 본다고 생각해보자. 영화에 푹 빠지면 다른 모든 것을 잊어버리게 되고 주변 환경은 사라지고 영화에 나오는 인물들과 함께 그 자리에 있는 것처럼 느껴지고 그들의 감정을 느끼게 된다. 이것이 바로 몰입의 의미이며, 순간에 완전히 몰입하는 것이다.

현재 순간에 집중하면 지금 일어나고 있는 일에 주의를 기울이게 된다. 초콜릿 한 조각을 먹고 있다고 상상해 보자. 아무 생각 없이 먹어치우는 대신 초콜릿의 맛을 제대로 느껴보자. 단맛, 식감, 기분을 어떻게 만드는지 알아차린다. 세심한 주의를 기울이는 이 간단한 행위는 평범한 것을 특별하게 느끼게 한다.

대화할 때는 상대방이 말할 때 온전히 집중하는 것과 같다. 다음에 무슨 말을 할지 생각하거나 휴대폰을 보지 말고 상대방의 말에 귀를 기울이고 그들의 감정을 이해하는 것이다. 이렇게 하면 사람과 사람 사이의 연결이 훨씬 더 돈독해진다.

현재에 집중하는 것은 창의력에도 도움이 된다. 그림을 그리거나 악기를 연주할 때, 심지어 공상을 할 때 시간이 금방 지나가는 것처럼 느껴지는 순간을 아시나요? 그 이유는 하고 있는 일에 너무 몰입해서 다른 모든 것이 사라지기 때문이다. 이렇게 집중하면 상상력이 자유롭게 흐르고 예상치 못한 놀라운 아이디어가 떠오를 수도 있다.

이러한 집중력을 연습하는 것은 근육을 단련하는 것과 같다. 매일 몇 분만 시간을 내어 주변의 색, 소리, 감각 등 주변 사물에 주의를 기울이면 된다. 과거나 미래에 대한 모든 생각으로부터 마음을 잠시 쉬게 하는 것과 같다. 이렇게 하면 삶을 더 온전히 즐기고 스트레스나 걱정에 더 잘 대처할 수 있게 된다.

따라서 현재에 집중함으로써 몰입도를 높인다는 것은 삶의 순간순간에 온전히 집중하는 것을 의미한다. 자동 조종 장치를 끄고 새로운 시각으로 모든 것을 경험하는 것과 같다.

마음챙김 기르기 : 몰입도 높은 경험을 위한

우리는 매일 다양한 사건과 삶의 순간을 끊임없이 경험하고 있다. 하지만 현재 순간에 주의를 기울이지 않고 자신의 마음과 인생의 순간을 온전히 경험하지 못하면 이러한 경험은 의미를 잃을 수 있다. 이러한 문제를 해결하고 보다 만족스러운 삶을 영위하기 위해 우리는 '마음챙김 기르기'에 집중한다.

그렇다면 마음챙김을 기른다는 것은 무엇을 의미할까? 간단히 말해, 마음챙김은 현재 순간에 더욱 집중하고 우리의 경험을 온전히 받아들이는 것을 의미한다. 마음챙김은 '정신적 주의력'이라고도 하며 명상의 개념과 유사하다. 일상에서 흔히 간과하는 측면에 주의를 기울이고, 현재의 경험을 명확하게 인식하며, 생각과 감정에 지나치게 몰입하지 않음으로써 우리는 온전한 삶을 사는 기술을 배운다.

마음챙김을 기르면 여러 가지 이점이 있다.

첫째, 정신 집중력을 향상시켜 집중력과 생산성을 높일 수 있다. 현재 순간에 몰입함으로써 우리는 효과적으로 업무를 수행하고 더 나은 결과를 얻을 수 있다.

둘째, 마음챙김을 키우면 스트레스와 불안을 완화하는 데 도움이 된다. 과거나 미래에 대한 불필요한 걱정과 생각을 피하고 대신 현재에 주의를 기울이면 정신적 평온함을 느낄 수 있다. 이러한 평온한 상태에서는 감정을 더 잘 조절하고 어려운 상황에 대처할 수 있다.

셋째, 마음챙김 수련은 창의성과 감수성을 높인다. 현재 순간에 주의를 기울이면 자연의 아름다움이나 일상에서 흔히 간과하는 디테일을 발견할 수 있다. 이러한 경험은 창의성과 예술적 감성을 자극하여 참신한 아이디어로 이어진다.

그렇다면 어떻게 마음챙김을 기를 수 있을까? 마음챙김 명상이 효과적인 방법 중 하나이지만, 이를 달성하기 위한 다양한 접근 방식이 있다. 예를 들어, 몇 분 동안 숨을 깊게 들이쉬고 내쉬는 데 집중하면 마음을 진정시키는 데 도움이 될 수 있다.

또는 일상적인 활동을 온전히 경험하는 것도 도움이 된다. 예를 들어, 식사를 하면서 음식의 맛과 향에 주의를 기울이거나 산책을 하면서 주변의 자연과 환경을 감상하는 것이다.

마음챙김을 기르는 것은 현재의 순간에 삶의 풍요로움을 더 깊고 진정성 있게 경험하기 위한 열쇠이다. 자신의 감정을 알아차리고 소리, 냄새, 감각을 알아차림으로써 삶의 아름다움과 경이로움을 음미하면 더욱 충만한 삶을 살 수 있다. 보다 풍요로운 삶의 경험을 위해 마음챙김을 기르기 위해 노력해보는 것은 어떨까?

3 | 몰입을 통한
성장과 도전 받아들이기

인생은 끊임없이 변화하는 여정이며, 우리의 힘과 의지를 시험할 수 있는 다양한 경험으로 가득하다. 도전에 직면했을 때 회복탄력성을 키우는 것은 중요한 기술이 되며, 이는 인생의 기복에 적응하고 성장하며 능동적으로 대처할 수 있도록 도와주는 능력이다.

회복탄력성은 도전을 피하거나 쉬운 길을 찾는 것이 아니다. 오히려 어려움을 삶의 자연스러운 측면으로 받아들이고 이를 성장과 배움의 기회로 받아들이는 것이다. 회복탄력성이 높은 사람은 도전을 개인적인 발전과 삶에 대한 참여도를 높이는 디딤돌로 여긴다.

회복탄력성 구축의 핵심 요소 중 하나는 도전을 두려워하지 않고 기꺼이 받아들이는 것이다. 회복탄력성이 높은 사람은 어려운 상황을 피하지 않고 용기와 결단력을 가지고 직면한다. 도전을 삶의 필수적인 부분으로 인정함으로써 도전을 더 잘 처리하고 그 과정을 통해 성장할 수 있는 역량을 갖추게 된다.

또한 회복탄력성은 도전을 성장의 기회로 바라보도록 격려한다. 각 장애물은 배우고, 새로운 기술을 개발하고, 귀중한 통찰력을 얻을 수 있는 기회를 제공한다. 도전을 개인 성장의 촉매제로 받아들일 때, 우리는 해결책을 찾고 잠재력을 발견하는 데 더욱 적극적으로 참여하게 된다.

회복탄력성을 키우려면 긍정적인 사고방식을 기르는 것도 중요하다. 낙관주의와 희망적인 전망은 가능성과 결단력을 가지고 도전에 직면할 수 있게 해준다. 회복탄력성이 높은 사람은 장애물을 극복할 수 있다는 믿음을 유지하며, 이는 삶의 여정에 대한 동기 부여와 참여의 원동력이 된다.

회복탄력성의 또 다른 필수 요소는 실패와 좌절로부터 배우는 것이다. 회복탄력성이 뛰어난 사람은 실패와 좌절을 패배의 징표로 여기지 않고 소중한 배움의 기회로 삼는다. 실패에 대한 성찰을 통해 무엇이 잘못되었는지, 어떻게 개선할 수 있는지 이해함으로써 지속적인 성장과 자기계발에 대한 참여를 촉진할 수 있다.

헌신과 회복력은 밀접한 관련이 있다. 가치, 목표, 자기계발에 전념할 때 우리는 도전에 정면으로 맞서고 해결책을 찾기 위해 끈질기게 노력할 가능성이 높아진다. 회복탄력성은 우리의 열망에 계속 참여하고 집중하는 데 필요한 힘과 결단력을 제공함으로써 우리의 헌신을 뒷받침한다.

회복탄력성을 구축하고 참여를 촉진하기 위해 몇 가지 관행을 채택할 수 있다.

첫째, 자기 인식을 개발하는 것이 중요하다. 자신의 감정, 생각, 도전에 대한 반응을 이해하면 스트레스를 효과적으로 관리하고 의식적인 결정을 내릴 수 있다.

둘째, 자기 연민을 실천하는 것이 필수적이다. 지나치게 자기 비판적인 태도를 취하는 대신 어려운 시기에는 친절과 이해심으로 자신을 대하여 보자. 어려움에 직면하는 것은 괜찮으며 누구나 인생에서 장애물을 만나게 된다는 사실을 인정하여 보자.

또한 다른 사람의 도움을 구하면 회복탄력성과 참여도를 높일 수 있다. 친구, 가족 또는 멘토로 구성된 지원 네트워크는 격려와 지침, 새로운 관점을 제공할 수 있다. 경험을 공유하고 조언을 구하면 회복탄력성과 참여도를 높여 어려움을 헤쳐 나가는 데 도움이 될 수 있다.

회복탄력성을 키우려면 도전을 성장의 기회로 받아들이고 삶에 대한 몰입도를 높여야 한다. 용기와 적응력을 가지고 어려움에 직면하여 이를 개인적 발전의 디딤돌로 받아들일 수 있도록 힘을 실어준다. 도전에 적극적으로 참여하고, 실패로부터 배우며, 목표에 대한 헌신을 유지함으로써 우리는 활력과 열정으로 인생의 여정을 받아들이는 데 필요한 회복탄력성을 키울 수 있다.

◆ 회복탄력성이란? ◆

개인이 역경, 도전, 좌절에서 적응하고 다시 일어설 수 있도록 하는 필수적인 심리적 특성인 회복탄력성의 개념과 이해에 대한 질문을 말한다. 개인이 어려운 상황을 효과적으로 헤쳐 나가고 그 경험을 통해 더 강해질 수 있도록 하는 일련의 개인적 강점과 대처 메커니즘으로 볼 수 있다.

핵심은 스트레스를 받거나 불리한 상황에 직면했을 때 그러한 상황의 부정적인 영향에 굴복하지 않고 대처할 수 있는 능력과 관련이 있다. 회복탄력성이 있는 사람은 직면한 도전을 부정하거나 회피하지 않고 긍정적인 사고방식과 인내심을 가지고 직면한다.

어떤 사람은 가지고 있고 어떤 사람은 그렇지 않은 선천적인 특성이 아니다. 그것은 다양한 경험과 연습을 통해 시간이 지남에 따라 배양, 개발, 강화될 수 있는 역동적인 자질이다. 회복탄력성을 구축하려면 개인이 삶의 장애물에도 불구하고 성공할 수 있는 구체적인 기술, 태도 및 행동을 개발해야 한다.

핵심 측면 중 하나는 감정 조절이다. 회복탄력성이 높은 사람은 감정에 압도되지 않고 긍정적이든 부정적이든 자신의 감정을 인정하고 이해할 수 있다. 이들은 자신의 감정을 표현하고 처리하는 건강한 방법을 찾아내어 힘든 시기에도 정서적 안

정을 유지할 수 있다

또 다른 중요한 요소는 성장 마인드를 갖는 것이다. 이는 어려움을 극복할 수 없는 장애물로 여기지 않고 학습과 성장의 기회라고 믿는 것을 의미한다. 회복탄력성이 높은 사람은 좌절을 일시적인 것으로 여기고 시간이 지남에 따라 적응하고 경험을 통해 배우고 개선할 수 있는 능력이 있다고 믿는 경향이 있다.

사회적 지원 또한 회복탄력성을 구축하는 데 중요한 요소이다. 가족, 친구 또는 멘토로 구성된 신뢰할 수 있는 지원 네트워크가 있으면 어려운 시기에 격려와 이해, 실질적인 도움을 받을 수 있다. 이러한 지원 시스템은 어려운 시기에 힘의 원천이자 안전망 역할을 할 수 있다.

문제 해결 능력도 회복탄력성에 중요한 역할을 한다. 회복탄력성이 뛰어난 개인은 잠재적인 해결책을 파악하고 장애물에 직면했을 때 충분한 정보를 바탕으로 현명한 결정을 내리는 데 능숙하다. 이들은 복잡한 문제를 관리 가능한 단계로 세분화하고 이를 해결하기 위한 사전 조치를 취할 수 있다.

자기 연민을 키우는 것은 회복탄력성의 또 다른 중요한 측면이다. 회복탄력성이 높은 사람은 누구나 인생에서 어려움을 겪을 수 있다는 사실을 인정하고 친절과 이해심으로 자신을 대한다. 지나치게 자기 비판적인 태도를 취하는 대신, 도전과 좌절에 직면하는 것이 정상임을 인식하고 스스로를 지지하고 격려한다.

개인이 고통이나 어려운 감정을 전혀 경험하지 않는다는 것을 의미하지는 않는다. 대신 이러한 감정에 효과적으로 대처하고 역경에서 다시 일어설 수 있는 능력을 의미하며, 궁극적으로 개인의 성장과 역량 강화를 경험하게 된다.

결론적으로, 회복탄력성은 역경과 도전에 직면했을 때 적응하고, 회복하고, 번창할 수 있는 심리적 능력이다. 여기에는 감정 조절, 성장 마인드, 사회적 지원, 문제 해결 기술, 자기 연민 등이 포함된다. 회복탄력성은 고정된 특성이 아니라 경험과 의도적인 노력을 통해 배양하고 강화할 수 있다. 회복탄력성을 구축함으로써 개인은 더 큰 힘과 결단력, 긍정적인 시각으로 삶의 어려움에 직면할 수 있으며, 궁극적으로 개인의 성장과 웰빙을 촉진할 수 있다.

2장

자신의 목표와 가치에 대한 몰입

1 | 목표와 가치가
일치하여야 한다

성취감 있고 의미 있는 삶을 추구하기 위해 목표를 핵심 가치에 맞추는 것은 목적 중심의 헌신적인 접근 방식을 만드는 데 필수적인 단계이다. 이러한 정렬은 우리의 열망을 명확하게 해줄 뿐만 아니라 인생 목표를 달성하는 과정에서 지속적인 헌신과 성장을 위한 강력한 토대를 제공한다.

목표는 우리가 스스로 설정한 구체적인 목표, 즉 우리가 달성하고자 하는 가시적인 결과를 나타낸다. 목표는 경력 발전, 자기계발, 건강 및 피트니스, 인간관계, 창의적 추구 등 삶의 다양한 측면을 포괄할 수 있다. 의미 있는 목표를 세운다는 것은 본질적으로 우리 여정의 목적지, 즉 우리가 만들고자 하는 삶의 비전을 정의하는 것이다.

반면에 가치관은 우리의 근본적인 신념, 지도 원칙, 핵심 덕목을 반영한다. 가치관은 가장 깊은 수준에서 우리가 누구인지 정의하고 우리가 소중히 여기는 자질을 나타낸다. 가치는 다양한 삶의 상황에서 우리의 태도, 행동, 결정을 형성하는 도덕적 나침반 역할을 한다. 우리의 목표가 가치와 일치할 때, 그 목표는 우리의 진정한 자아와 공명하고 우리가 누구인지의 본질과 일치한다고 느낀다.

목표를 가치와 일치시키는 과정에는 성찰과 자기 인식이 포함된다. 이를 위해서는 우리 내면의 욕망, 신념, 열정을 깊이 들여다봐야한다. 스스로에게 깊이 있는 질문을 던짐으로써 자신에게 진정으로 중요한 것이 무엇인지, 그리고 인생에서 무엇을 지지하는지 파악할수 있다. 자신의 가치를 이해하면 우선순위를 명확히 하고 현재 목표가 진정한 열망과 조화를 이루는지 평가하는 데 도움이 된다.

목적 중심의 헌신적 접근 방식을 만드는 것은 우리의 가치를 반영하는 목표를 설정하는 것에서 시작된다. 예를 들어, 개인의 성장과 지속적인 학습이 중요한 가치라면 매년 특정 권수의 책을 읽거나 새로운 기술을 습득하는 것을 목표로 설정할 수 있다. 가족과 관계가 가장 중요하다면 사랑하는 사람들과 좋은 시간을 보내거나 친구들과의 관계를 발전시키겠다는 목표를 세울 수 있다.

목적에 맞는 목표를 정하고 나면 헌신은 더욱 자연스럽고 지속 가능하게 된다. 핵심 가치에 부합하는 목표를 향해 노력할 때, 우리는 목적과 의미에 대한 감각으로 동기를 부여받게 된다. 우리는 더 이상 외부의 압력이나 기대에 의해서만 움직이지 않고, 내면의 성취감과 진정한 자아에 대한 일치감에서 헌신을 이끌어낸다.

목표를 달성하기 위해서는 필연적으로 도전과 장애물이 발생할 것이다. 하지만 우리의 목표가 우리의 가치에 뿌리를 두고 있을 때, 우리는 역경에 직면했을 때 더욱 탄력적으로 대처할 수 있다. 우리의 헌신은 확고하게 유지되며, 우리의 노력이 진정으로 중요한 것임을 알기 때문에 어려움을 헤쳐 나갈 수 있는 준비가 더 잘 되어 있다.

목표와 가치를 정기적으로 재평가하는 것은 일관성을 유지하고 우리의 헌신이 목적 중심으로 유지되도록 하는 데 매우 중요하다. 우리가 성장하고 발전함에 따라 우리의 가치관은 변화하거나 더 명확해질 수 있다. 이러한 경우, 우리의 목표가 끊임없이 진화하는 목적의식과 계속 조화를 이룰 수 있도록 그에 따라 목표를 재조정하는 것이 필수적이다.

목표와 가치관의 조율은 삶의 목표를 추구할 때 목적 중심의 접근 방식을 만들어내는 변화의 과정이다. 핵심 가치에 공감하는 목표를 설정함으로써 우리는 우리의 노력에 의미와 진정성, 열정을 불어넣는다. 어려운 시기에도 헌신을 지속할 수 있도록 힘을 실어주고 깊은 성취감과 자기 인식을 키워준다. 우리가 가치관과 조화를 이루며 진정한 목적을 반영하는 목표에 전념할 때, 우리는 의미 있는 성장과 보다 목적 있고 보람 있는 삶을 시작할 수 있다.

2 | 구체적이고 측정 가능한 목표를 설정해야 한다

개인의 성장과 자기계발을 추구할 때 명확하고 잘 정의된 목표를 설정하는 것은 매우 중요한 역할을 한다. 목표와 가치에 몰입하는 과정을 시작할 때 구체적이고 측정 가능한 목표를 세우는 것은 성공을 위한 경로를 계획하는 것과 같다.

명확한 목표를 설정하는 것은 참여도를 높이고 모든 노력에서 성공을 거두기 위한 기본 요소이다. 구체적이고 측정 가능한 목표를 정의하면 명확한 방향과 목적이 생겨 집중력과 동기 부여가 향상된다.

자신의 사업을 시작하거나 새로운 기술을 배우거나 개인적인 이정표를 달성하는 등 꿈이나 포부가 있다고 상상해 보자. 목표를 모호하고 정의되지 않은 상태로 두면 어디서부터 시작해야 할지, 진행 상황을 어떻게 측정해야 할지 알기 어려워진다. 마치 지도나 목적지를 염두에 두지 않고 여행을 떠나는 것과 같다.

하지만 명확한 목표를 설정하면 달성하고자 하는 목표의 윤곽이 정확하게 드러난다. 예를 들어, 사업을 시작할 때 6개월 이내에 회사를 시작하고, 연말까지 특정 수의 고객을 확보하고, 첫 2년 이내에 특정 매출 목표를 달성한다는 목표를 설정할 수 있다. 이러한 목표는 따라야 할 구체적인 로드맵을 제공하여 방향성과 목적의식을 부여한다.

측정 가능한 목표를 통해 시간 경과에 따른 진행 상황을 추적할 수 있다. 성과와 성공을 평가할 수 있는 가시적인 지표를 제공한다. 길을 잃거나 불확실하다고 느끼는 대신 정량화할 수 있는 데이터를 분석하여 얼마나 멀리 왔는지, 진도를 유지하기 위해 어떤 조정이 필요한지 알 수 있다.

목표가 명확하면 당면한 업무에 대한 몰입도와 헌신도도 높아진다. 목표가 명확하면 동기 부여와 열정이 생겨 목표 달성을 위해 시간과 노력, 창의력을 투자할 가능성이 높아진다.

또한 명확한 목표를 설정하면 복잡한 작업을 관리하기 쉬운 작은 단계로 세분화할 수 있다. 목표를 달성하는 데 필요한 구체적인 행동을 정의함으로써, 부담감을 느끼지 않도록 행동 계획을 세울 수 있다. 그 과정에서 작은 성취를 이룰 때마다 성취감을 느끼며 새로운 결심으로 앞으로 나아갈 수 있다.

목표를 추구하는 과정에서 도전과 장애물은 피할 수 없다. 그러나 목표가 명확하고 측정 가능하면 좌절을 극복할 수 있는 회복력을 얻을 수 있다. 목표가 명확하면 해결책을 찾고 변화하는 환경에 적응하는 데 집중할 수 있다.

명확하고 구체적인 목표를 설정하는 것은 목표에 대한 몰입도를 높이기 위한 강력한 전략이다. 로드맵을 제공하고, 진행 상황을 추적할 수 있게 해주며, 도전 과제를 해결하는 능력을 강화한다. 측정 가능한 목표를 정의함으로써 꿈을 달성 가능한 현실로 바꾸고, 그 과정에서 성취감과 목적의식을 키울 수 있다.

3 | 의미 있는 삶 살기

　　가치와 행동을 일치시키는 것은 의미 있고 목적 있는 삶을 사는 것의 중요성을 인식하는 것과 관련된 중요한 측면이다. 개인 개발에서 몰입에 대해 이야기할 때, 그것은 종종 우리의 핵심 가치와 신념에 부합하는 만족스러운 삶을 산다는 생각을 중심으로 한다.

1) 가치 이해

　　가치는 우리의 결정, 행동, 삶에 대한 전반적인 관점을 형성하는 기본 원칙이다. 가치관은 우리 삶에서 필수적이고 중요하다고 생각하는 것을 나타낸다. 자기계발에 몰입하려면 자신의 가치관을 면밀히 살펴보고 자신에게 진정으로 중요한 것이 무엇인지 파악해야 한다. 가치관을 이해함으로써 우리는 우리의 열망과 성취하고자 하는 바를 명확히 알 수 있다.

2) 목적이 있는 삶

삶의 목적의식이 분명할 때 몰입은 더욱 의미 있게 다가온다. 목적은 열정과 결단력을 가지고 목표를 추구할 수 있는 방향과 이유를 제공한다. 이는 우리를 앞으로 나아가게 하고 우리의 행동에 성취감을 가져다주는 근본적인 동기이다. 우리의 삶을 더 높은 목적에 맞출 때, 우리는 어려움 속에서도 집중력과 회복력을 유지할 가능성이 높아진다.

3) 연결 고리 인식

자기계발에 몰입한다는 것은 우리의 가치와 행동 사이에 내재된 연관성을 인식하는 것을 수반한다. 여기에는 우리의 일상적인 행동이 우리의 핵심 신념과 어떻게 일치하는지 의식하는 것이 포함된다. 정직하고 진정성 있는 삶을 산다는 것은 우리의 행동이 우리가 소중히 여기는 것을 반영하도록 하는 것을 의미한다. 이러한 정렬은 일관성과 내면의 조화를 만들어 전반적인 웰빙을 향상시킨다.

4) 의미 있는 경험 수용

몰입적인 경험은 우리의 가치관과 공명하고 개인적인 성장에 기여하는 경험이다. 자신의 신념에 부합하는 활동에 몰입할 때 우리는 더 큰 만족과 기쁨을 느낄 수 있다. 의미 있는 경험에 참여하면 잠재력을 최대한 발휘할 수 있어 보다 성취감 있고 목적 지향적인 삶을 살 수 있다.

5) 의식적인 선택

몰입에는 우리의 가치와 목적을 뒷받침하는 의식적인 선택도 포함된다. 몰입을 위해서는 크고 작은 결정을 내릴 때 신중을 기하고 그 결정이 우리의 전반적인 웰빙에 어떤 영향을 미치는지 고려해야 한다. 우리의 선택을 우리의 가치와 일치시킴으로써 우리는 자기 인식과 자제력을 키울 수 있다.

6) 장애물 극복

의미 있는 삶을 살기 위해 몰입하는 데 어려움이 없는 것은 아니다. 도중에 장애물과 좌절에 부딪힐 수도 있다. 하지만 자신의 가치와 목적에 충실하면 회복력과 결단력을 가지고 이러한 어려움을 헤쳐 나갈 수 있다. 장애물을 극복하는 과정은 개인적 성장과 자신에 대한 더 깊은 이해로 이어질 수 있다.

자기계발에 몰입한다는 것은 의미 있고 목적 있는 삶을 살기 위해 우리의 가치와 행동을 일치시키는 것을 의미한다. 핵심 가치를 이해하고, 명확한 목적 의식을 수용하고, 가치와 행동 사이의 연관성을 인식하고, 의식적인 선택을 함으로써 우리는 더욱 심오하고 풍요로운 자기 발견과 성장의 여정을 경험할 수 있다. 진정한 자아와 공명하는 삶에 몰입하면 더욱 진정성 있고 만족스러운 삶을 살 수 있다.

4 | 몰입을 위한 습관 만들기

몰입를 위한 습관을 만들려면 목표와 가치에 부합하는 지속 가능한 관행을 개발해야 한다. 즉, 자신에게 의미 있는 일에 대한 헌신을 지원하고 강화하는 일상과 행동을 기르는 것이다.

목표를 설정하고 이를 달성하기 위해 노력할 때, 처음에는 흥분과 열정에 사로잡히기 쉽다. 하지만 시간이 지날수록 초기의 몰입을 유지하는 것이 어려워질 수 있다. 바로 이때 습관이 중요한 역할을 한다.

습관은 시간이 지남에 따라 의식적인 노력을 덜 필요로 하는 자동화된 행동이 되기 때문에 강력한 힘을 발휘한다. 목표와 가치관을 뒷받침하는 습관을 의도적으로 구축하면 동기 부여가 부족할 수 있는 날에도 일관된 행동을 할 수 있는 틀을 만들 수 있다.

예를 들어, 피트니스에 열정이 있고 규칙적인 운동을 생활의 일부로 만들고 싶다면 매일 같은 시간에 달리기나 헬스장에 가는 습관을 들이면 운동에 대한 몰입도를 높일 수 있다. 운동이 습관이 되면 운동이 일상의 자연스러운 일부가 되어 기분이 좋지 않을 때에도 운동 루틴을 따를 가능성이 높아진다.

마찬가지로 개인의 성장과 학습을 중요하게 여긴다면 매일 일정 시간을 독서나 공부에 투자하는 습관을 기르면 새로운 지식과 기술을 습득하는 데 더욱 적극적으로 참여할 수 있다.

습관을 형성하는 과정에는 반복과 일관성이 필요하다. 새로운 습관을 형성하는 데는 시간과 노력이 필요하지만, 끈기를 가지고 꾸준히 노력하면 더 쉽게 뿌리내릴 수 있다. 그 과정에서 작은 승리를 축하하면 목표와 가치에 부합하는 습관을 계속 만들도록 동기를 부여할 수 있다.

지속 가능한 습관을 만들려면 자기 인식과 적응력도 필요하다. 어떤 습관이 목표 달성에 가장 도움이 되는지 파악하고 필요한 경우 기꺼이 습관을 조정할 수 있어야 한다. 자신의 진행 상황을 파악하고 필요할 때 조정하면 목표에 대한 약속을 유지하고 궤도를 유지할 수 있다.

또한, 자신의 가치를 강화하는 활동에 참여하면 더 깊은 성취감과 목적의식을 느낄 수 있다. 습관을 자신에게 진정으로 중요한 것에 맞출 때, 보다 의미 있고 진정성 있는 삶의 방식을 만들 수 있다.

몰입을 위한 습관을 만드는 것은 목표와 가치를 추구하려는 노력을 지원하고 강화하는 강력한 전략이다. 지속 가능한 관행을 의도적으로 구축하면 어려움이나 산만함에도 불구하고 일관된 행동을 위한 프레임워크를 구축할 수 있다. 열정과 원칙에 부합하는 습관을 형성하면 보다 성취감 있고 목적 중심의 삶을 살 수 있다. 습관을 만드는 데는 시간과 노력이 필요하지만, 결국에는 그만한 가치가 있다는 것을 기억하자.

몰입을 위한 지속 가능한 습관을 만들기 위한 방법으로는 다음과 같은 것들이 있다.

1) 작은 목표 설정
큰 목표를 작은 단계로 나누어 단계별로 성취하며 몰입감을 유지한다.

2) 일정한 시간표
시간 관리를 통해 작업과 휴식 시간을 균형 있게 분배한다.

3) 집중력 향상 전략
방해 요소를 제거하고 핵심 작업에 초점을 맞추기 위한 전략을 사용한다(예: 폰 무음, 시각적인 잡음 줄이기 등).

4) 자기 평가

진행 중인 작업에 대해 주기적으로 평가하고 개선하여 몰입감을 유지하자.

5) 휴식 시간 활용

충분한 휴식과 여가 시간을 갖고 필요한 경우 스트레스를 해소한다.

6) 긍정적 사고

자신이 성취하고자 하는 목표와 가치에 대한 자신감을 높이며, 실패에 대한 두려움을 낮춘다.

7) 동기부여 유지

자신의 성장과 발전을 중요시하고, 항상 동기를 부여하는 긍정적인 환경을 만든다.

이런 방법들을 통해 몰입을 위한 지속 가능한 습관을 만들 수 있다. 개인의 상황과 선호에 따라 적합한 방법을 선택하여 적용하면 좀 더 효과적일 것이다.

지훈이라는 젊은 사업가가 살고 있었습니다. 그는 환경 문제를 해결하기 위한 혁신적인 솔루션을 만드는 데 깊은 열정을 가지고 있었고, 사회에 긍정적인 영향을 줄 수 있는 지속 가능한 사업을 창업하는 것이 꿈이었습니다.

하지만 지훈은 창업의 여정에 온전히 몰입하는 데 어려움을 겪었습니다. 의욕적으로 시작했지만 어려움이 쌓이고 초기의 설렘이 사라지면서 의욕을 잃기 시작했습니다. 목표를 향해 꾸준히 나아가는 것이 어려워 보였습니다.

그는 자신의 참여를 뒷받침하는 습관의 중요성을 인식하고 자신의 목표와 가치에 부합하는 지속 가능한 실천 방법을 개발하기로 결심했습니다. 그는 기본에 충실하면서 의미 있는 사업을 구축한 한국의 성공한 기업가들에게서 영감을 얻었습니다.

그 중 한 명이 서울의 유명 친환경 의류 브랜드 창업자인 혜진 씨였습니다. 혜진 씨는 지속 가능성에 대한 깊은 신념과 친환경 소재를 사용해 스타일리시한 옷을 만들겠다는 비전을 가지고 있었습니다.

지속 가능한 참여 습관을 만들기 위해 지훈은 혜진 씨의 접근 방식을 면밀히 관찰했습니다. 그는 혜진 씨가 매일 지속 가능한 원단과 디자인 트렌드를 조사하는 습관을 기르고 있다는 사실을 발견했습니다. 이 습관 덕분에 혜진 씨는 친환경 패션의 최신 동향을 파악하고 브랜드 제품을 지속적으로 개선할 수 있었습니다.

혜진의 또 다른 핵심 습관은 같은 생각을 가진 개인 및 단체와 협업하는 것이었습니다. 그녀는 지속가능성 워크숍, 네트워킹 행사, 환경 회의에 정기적으로 참석했습니다. 이러한 교류는 혜진 씨에게 귀중한 인사이트를 제공했을 뿐만 아니라 자신의 사명에 대한 헌신을 강화하는 계기가 되었습니다.

지훈은 혜진 씨의 헌신에 영감을 받아 자신의 창업 여정에도 비슷한 습관을 접목하기로 결심했습니다. 그는 매일 정해진 시간을 할애하여 새로운 친환경 기술과 환경 문제에 대한 혁신적인 솔루션을 연구하기 시작했습니다. 이를 통해 지훈은 시장을 더 깊이 이해하고 지속 가능한 비즈니스를 위한 잠재적 기회에 대한 귀중한 인사이트를 얻게 되었습니다.

또한 지훈은 지속가능성 커뮤니티 내에서 네트워크를 형성하고 관계를 구축하는 습관을 들이기로 했습니다. 그는 친환경 창업 행사에 참석하고, 온라인 포럼에 참여하고, 경험 많은 기업가들에게 멘토링을 구했습니다. 이러한 인맥은 그에게 지침과 지원을 제공했을 뿐만 아니라 지속적인 참여와 결심에 대한 동기를 부여했습니다.

지훈 씨는 이러한 습관을 지속하면서 창업에 대한 접근 방식이 긍정적으로 바뀌는 것을 느꼈습니다. 한때는 벅찼던 도전이 이제는 성장과 배움의 기회로 바뀌었습니다. 지속 가능한 습관을 기르면서 자신의 사명에 대한 헌신도 강화되었고, 목표와 가치에 더욱 몰입할 수 있게 되었습니다.

시간이 지나면서 지훈 씨의 노력은 결실을 맺기 시작했습니다. 기업을 위한 친환경 포장 솔루션을 개발하는 지속 가능한 스타트업을 성공적으로 론칭했습니다. 그가 쌓아온 지속 가능한 습관은 그가 앞으로 나아가고 여정 내내 몰입할 수 있도록 하는 데 중요한 역할을 했습니다.

지훈 씨의 창업 여정은 지속 가능한 습관 구축의 힘을 잘 보여줍니다. 지훈 씨는 자신의 목표와 가치에 부합하는 실천 방식을 채택함으로써 의미 있고 영향력 있는 사업을 만들겠다는 의지를 강화했습니다. 성공한 친환경 패션 기업가 혜진 씨와 마찬가지로 지훈 씨도 지속 가능한 습관이 참여를 유지하고 미션을 향해 나아가는 데 중요한 역할을 한다는 것을 알게 되었습니다.

5 | 몰입 뒤에 숨은 과학 : 몰입의 심리적, 신경학적 측면과 뇌에 미치는 영향

'흐름Flow' 현상은 인간의 성과와 웰빙에 지대한 영향을 미치기 때문에 심리학자와 신경과학자 모두의 관심을 끌었다. 흔히 '몰입상태'로 표현되는 흐름은 개인이 특정 활동에 완전히 몰입하고 집중하여 활력이 넘치는 집중력과 즐거움을 느끼는 정신 상태를 말한다. 흐름의 심리적, 신경학적 측면을 연구한 결과 뇌에 미치는 영향과 인간의 잠재력을 최적화할 수 있는 가능성이 밝혀졌다.

심리적으로 흐름Flow은 개인의 능력과 활동에서 제시하는 도전 과제가 완벽하게 일치하는 것이 특징이다. 도전의 수준이 자신의 기술 수준을 약간 초과하면 집중력이 높아지는 상태가 된다. 개인은 과제에 너무 몰두하여 시간과 자의식을 잊어버리고 내재적 동기 부여와 만족감을 경험하게 된다.

스포츠, 예술 또는 창의적인 노력과 같이 본질적으로 보람을 느끼는 활동과 관련이 있는 경우가 많다. 최고의 기량을 발휘하는 운동선수, 걸작에 몰두하는 예술가, 음악의 리듬에 푹 빠져 있는 음악가 등 흐름 경험은 작업을 쉽고 자동으로 실행하는 것이 특징이며, 종종 최고의 성과를 이끌어낸다.

신경학적으로 혈류는 특정 뇌 영역 및 신경 화학 물질과 관련이 있다. 기능적 자기공명영상fMRI을 사용한 연구에 따르면 복잡한 의사 결정과 문제 해결을 담당하는 전두엽 피질의 활성화가 증가한 것으로 나타났다. 동시에 자기 인식 및 자기 비판과 관련된 배외측 전두엽 피질의 활동은 흐름 상태에서는 감소하여 '영원함'과 '자기상실'의 감각으로 이어진다.

또한 흐름 상태에서는 뇌에서 도파민, 노르에피네프린, 엔도르핀, 아난다마이드를 포함한 신경 화학 물질 칵테일이 방출된다. 이러한 화학 물질은 흐름 상태에서 경험하는 고도의 집중력, 행복감, 행복감에 기여한다. 또한 엔도르핀의 생산이 증가하면 통증에 대한 인식이 감소하여 활동에 쉽게 몰입하고 기쁨을 느낄 수 있다.

몰입의 의미는 개인적인 만족과 성과 그 이상으로 확장된다. 집중력이 높은 상태에서 뇌가 새로운 신경 연결을 형성하는 데 더 잘 수용하기 때문에 학습 및 기술 습득 증가와 관련이 있다. 또한 '긍정적인 심리'를 촉진하여 스트레스와 불안을 줄이고 창의성과 회복력을 향상시킨다.

연구자들이 흐름에 대한 과학적 탐구를 계속하면서 다양한 분야에서 잠재적 적용 가능성을 인정받고 있다. 직장에서의 생산성 향상부터 교육 환경에서의 학습 경험 향상에 이르기까지 흐름의 심리적, 신경학적 측면을 이해하고 활용하면 보다 만족스럽고 최적화된 인간 경험으로 이어질 수 있다.

흐름에 대한 연구를 통해 이 독특한 마음 상태의 심리적, 신경학적 측면에 대한 흥미로운 통찰력을 밝혀냈다. 몰입은 개인이 활동에서 깊은 몰입감, 내재적 동기 부여, 기쁨을 경험하는 최적의 인간 수행 상태를 나타낸다. 흐름의 메커니즘을 이해하면 이 상태를 활용하여 삶의 다양한 측면에서 성과, 학습 및 웰빙을 향상시킬 수 있는 흥미로운 가능성이 열린다.

3장

자신의 강점을 활용한 몰입

1 | 자신의 강점 발견하기

　　자신의 강점을 발견하는 과정에 몰입하면 자기 인식과 자기 수용이라는 변화의 경험을 시작하게 된다. 이는 단순히 일회성 이벤트가 아니라 자신의 열정, 관심사, 경험의 깊이에 대한 지속적이고 몰입적인 탐색이다.

　　이러한 몰입의 중심에는 자기 성찰의 실천이 있다. 자신의 생각과 감정 속으로 기꺼이 뛰어들어 내면의 흥분과 성취감을 불러일으키는 순간을 탐구하는 것이다. 이러한 자기 성찰에 참여하다 보면 자연스럽게 주의를 사로잡고 깊은 기쁨을 주는 활동에 집중하게 된다.

　　이러한 순간에 몰입하다 보면 패턴과 반복되는 주제를 인식하기 시작한다. 이러한 패턴은 나침반 역할을 하여 타고난 강점과 재능을 발견하도록 안내한다. 이전에는 완전히 인식하지 못했던 숨겨진 기술이나 능력을 발견할 수도 있으며, 이러한 몰입을 통해 새로운 열정을 가지고 이를 받아들일 수 있다.

자신의 강점을 발견하는 과정에 몰입하려면 다른 사람에게서 통찰력을 구하는 것도 포함된다. 친구, 가족 또는 멘토와 의미 있는 대화를 나누며 자신의 고유한 자질에 대한 관찰과 관점을 공유하도록 한다. 이들의 피드백은 이전에는 명확하게 보지 못했던 자신의 측면을 반영하는 거울 역할을 한다.

특정 강점이나 자질을 성급하게 무시하는 대신, 그 잠재력을 탐구하고 이해하려는 의지로 접근하게 되고, 이 과정에 몰입하면 자신을 제한하는 신념을 극복하고 더 넓은 범위의 가능성에 자신을 개방할 수 있게 된다.

자신의 강점을 받아들이면 일상 활동을 새롭게 발견한 깨달음에 맞춰 조정하기 시작한다. 몰입은 일상생활의 필수적인 부분이 되어 각 행동에 목적의식과 진정성을 불어넣어 주고, 자신의 강점을 활용할 수 있는 기회에 끌리게 되고, 더 성취감 있고 보람 있는 삶을 위한 길을 열게 된다.

또한, 자신의 강점을 발견하는 데 몰입하면 "흐름" 상태에 빠질 수 있다. 자신의 재능에 맞는 활동에 참여하면 현재의 순간에 완전히 몰입하게 되고 시간 가는 줄 모르고 자신이 하는 일에 대한 집중력과 즐거움이 높아지는 것을 경험하게 된다.

이 몰입 과정은 다른 사람과 자신을 비교하거나 모든 면에서 완벽을 추구하는 것이 아니다. 그 대신, 몰입은 자신의 고유성을 축하하고 각 개인이 인류의 다양성에 기여하는 고유한 강점을 가지고 있다는 것을 인정하는 것이다.

자신의 강점을 발견하는 과정에 몰입하는 것은 자기 탐색과 자기 수용이라는 변화의 경험이다. 자기 성찰, 타인의 통찰력 구하기, 자신의 재능과 행동의 조율을 통해 자신의 진정한 잠재력의 깊이에 지속적이고 만족스러운 몰입을 시작하게 된다. 열린 마음과 호기심으로 자신의 강점을 포용하면 진정성 있게 살아가며 세상에 긍정적인 영향을 미칠 수 있다.

2 나만의 강점과 타고난 능력을 파악해야 한다

자기 성찰은 내면으로 눈을 돌려 진정성 있고 열린 마음가짐으로 자신의 생각, 감정, 경험, 행동을 검토하는 과정이다.

자기 성찰에 참여할 때 우리는 성찰과 검토를 위한 공간을 만든다. 이러한 성찰의 여정을 통해 진정한 자아에 대한 더 깊은 통찰력을 얻을 수 있으며, 무엇이 우리에게 진정한 동기를 부여하고 영감을 주는지 발견할 수 있다. 자신의 생각과 감정을 관조하는 시간을 가짐으로써 우리는 우리에게 기쁨과 성취감을 가져다주는 활동과 경험에 적응하게 된다.

자기 성찰을 통해 우리는 행동과 반응의 패턴을 알아차리기 시작한다. 우리는 우리가 가장 생생하고 진정한 자아와 조화를 이룬다고 느끼는 순간을 알아차릴 수 있다. 이러한 순간은 간과되거나 과소평가되었을 수 있는 우리의 타고난 강점과 재능을 나타낸다.

자신의 강점을 인식하면 자신감과 이해력이 높아진다. 또한 자신의 강점이 자신의 정체성과 현재 자신이 되고 있는 사람에 기여한다는 것을 인식하고 고유한 자질을 포용할 수 있게 된다.

자기 성찰을 통해 자신의 강점을 더욱 발전시키고 개선할 수 있는 영역을 파악할 수 있게 된다. 자기 성찰은 타고난 능력의 성장 가능성을 인식함으로써 자기 개선과 개인적 성장의 문을 열어준다.

자기 성찰은 인내심, 취약성, 자기 자신에 대한 정직함이 필요한 과정이다. 자기 성찰은 타인의 인정이나 승인을 구하는 것이 아니라 자신의 핵심을 깊이 이해하는 것이다. 이를 통해 우리는 내면의 욕망과 열정에 연결될 수 있으며, 이는 의미 있는 목표를 설정하고 의도적인 선택을 할 수 있는 토대가 될 수 있다.

정기적으로 자기 성찰에 참여함으로써 우리는 자기 인식의 습관을 기른다. 자신의 강점과 그것이 목표와 가치에 어떻게 부합하는지에 대해 더 잘 알게 되고 이러한 자기 인식은 나침반 역할을 하여 진정한 자아에 부합하는 결정을 내리고 행동을 취할 수 있도록 안내해 준다.

자기 성찰의 중요성은 개인적인 영역을 넘어 다른 사람과의 관계와 상호 작용에도 영향을 미친다. 자신의 강점을 더 잘 인식할수록 자신의 필요를 더 잘 전달하고 인간관계, 직장, 커뮤니티에 의미 있게 기여할 수 있다.

우리 자신의 강점과 타고난 능력을 파악하기 위한 자기 성찰의 중요성을 인식하는 것은 자기 인식과 개인적 성장으로 이어지는 변화의 실천이다. 자기 성찰을 통해 우리는 자신의 고유한 자질과 재능을 포용하면서 진정한 자아에 대한 더 깊은 통찰력을 얻게 된다. 이러한 이해는 우리가 의도적인 선택을 하고, 의미 있는 목표를 설정하고, 다른 사람들과 더욱 진정성 있고 만족스러운 관계를 형성할 수 있도록 힘을 실어준다. 궁극적으로 자기 성찰은 자기 발견을 향한 여정을 탐색하고 잠재력을 최대한 실현하는 데 강력한 도구가 된다.

3 | 자신의 성장 잠재력을 인식해야 한다

개인적 발전을 공부할 때, 이것은 우리가 의미있고 목적 있는 삶을 살기 위해 중요한 것들을 인식하는 것을 의미한다.

1) 성장 잠재력 인식하기

먼저, 우리는 자신의 성장 잠재력을 인식해야 한다. 이것은 우리 인생에서 가장 중요한 가치를 찾는 과정이며, 자신의 목표를 명확히 하는 것이 도움이 된다.

2) 강점 개발과 육성

몰입에 대한 길은 우리가 자신의 강점을 발전시키고 키우는 것과 관련이 있다. 강점은 우리가 잘하는 것들을 의미한다. 이러한 강점들을 키우는 것은 개인적인 성장을 도모하는데 도움이 된다.

· 몰입하는 동안 강점을 개발하고 육성하는 첫 번째 단계는 개인의 강점을 파악하는 것이다. 강점은 자연스럽게 타고난 기술, 재능, 자질로서 성취감과 우수성을 가져다 준다. 자신의 강점을 인식하면 타고난 능력에 맞는 활동을 선택하는 데 도움이 되며, 성장을 위한 긍정적인 피드백 루프를 만들 수 있다.

· 자신의 강점을 파악했다면, 그 강점을 더욱 활용하고 발전시킬 수 있는 활동이나 활동을 찾아본다. 자신의 타고난 능력에 맞는 활동에 몰입하면 성과가 향상되고 동기 부여가 높아지며 전반적인 만족도가 높아진다.

· 자신의 강점을 살릴 수 있는 활동에 몰입하면서 스스로에게 도전하는 것이 중요하다. 자신의 한계를 뛰어넘고 현재를 벗어나면 지속적인 성장과 발전을 이룰 수 있다. 약간의 노력이 필요한 활동에 몰입하고 자신의 능력을 확장하면 새로운 기술을 익히고 자신감을 높일 수 있다.

· 꾸준한 연습과 헌신적인 집중이 필요하다. 자신의 강점에 맞는 활동에 정기적으로 몰입하면 능력을 다듬고 연마하여 시간이 지남에 따라 향상과 숙달로 이어질 수 있다.

· 다른 사람에게 피드백을 구하고 열린 마음으로 배움에 임한다. 피드백은 개선이 필요한 부분을 파악하고 자신의 강점을 더욱 강화할 수 있는 방법에 대한 인사이트를 제공한다. 강점을 효과적으로 키우려면 지속적인 학습과 성장 마인드가 필수적이다.

· 자신의 강점을 개발하는 것과 관련된 구체적인 목표를 설정한

다. 이러한 목표는 도전적이면서도 달성 가능한 것이어야 하며, 노력에 방향성과 목적의식을 부여해야 한다. 정기적으로 진행 상황을 측정하여 동기를 유지하고 필요에 따라 접근 방식을 조정한다.

· 정기적으로 자기 성찰에 참여한다. 자신의 강점이 어떻게 발전해 왔는지, 극복한 도전은 무엇인지, 강점이 전반적인 웰빙과 성취에 미친 영향은 무엇인지 기록해 본다.

3) 개인 및 직업적 추구에 미치는 영향 강화

몰입을 통해 우리는 개인적인 삶과 직업적인 추구에 미치는 영향을 강화할 수 있다. 우리가 가치 있는 활동에 몰두하고 강점을 발휘하면, 우리의 영향력과 성과를 향상시킬 수 있다.

4) 전체적인 영향

이러한 과정을 거쳐 우리는 삶 전반에 걸쳐 큰 영향을 미치게 된다. 개인적인 만족도와 성취감이 증가하며, 직업적인 성공 또한 높아진다.

자신의 강점을 발전시키고 목표를 인식하여 뜻 깊고 의미 있는 삶을 사는 것에 초점을 맞춘다. 몰입을 통해 우리의 영향력을 강화하고 개인적인 성장과 직업적인 성취를 이룰 수 있다.

4 자신을 더 나은 방향으로 이끄는 강점 활용법

몰입을 통해 일상생활에서 강점을 활용하여 자신을 개선하려면 자신의 강점을 인식하고, 그에 맞는 명확한 목표를 설정하고, 일상 활동에 실질적으로 적용하고, 개선을 위해 꾸준히 연습하고, 학습을 위한 피드백을 구해보자. 자기 관리를 강조하고 적응력을 키우며 지속적인 학습에 열린 자세를 유지하고, 자신의 강점을 활용하여 문제를 해결하고 의사 결정을 내림으로써 자신감과 성취감을 높인다.

1) 강점 인식하기

우리는 강점을 발휘하고 능력을 향상시키기 위해 자신의 강점을 인식하는 것이 매우 중요하다. 우리가 특정 분야에서 뛰어난 능력을 가진 것을 의미한다. 예를 들어, 창의성, 리더십, 소통 능력 등이 강점의 예일 수 있다. 강점을 알아차리면 더욱 효율적으로 일하고 더 큰 성과를 거둘 수 있다.

2) 몰입적인 활동

강점을 활용하려면 일상생활에 강점을 발휘할 수 있는 몰입적인 활동을 선택하는 것이 중요하다. 이는 우리가 진정으로 즐기고 열정적으로 참여할 수 있는 활동들을 찾는 것을 의미한다. 몰입은 우리가 완전히 흡수되고 열정적으로 활동에 몰두하는 상태를 말하며, 이러한 상태에서 강점을 더욱 효과적으로 발휘할 수 있다.

3) 일상적인 활동에 강점 통합

강점을 활용하려면 단순히 특정 시간이나 장소에 국한되지 않고 일상적인 활동에 강점을 통합해야 한다. 예를 들어, 강점이 리더십이라면 팀 프로젝트나 그룹 활동에서 리더 역할을 맡아보는 것이 일상적인 강점 활용의 한 예일 수 있다.

4) 지속적인 연습과 발전

강점을 발휘하고 발전시키기 위해서는 지속적인 연습과 노력이 필요하다. 강점은 단기적인 능력이 아니라 지속적인 발전과 함께 강화될 수 있는 능력이다. 일상적인 활동에 강점을 적용하고 지속적으로 발전시키면 더 큰 성과를 이뤄낼 수 있다.

5) 일상에서의 적용과 혜택

강점을 일상생활에 녹여내면 많은 혜택을 얻을 수 있다. 강점을 발휘하고 몰입하여 열정적으로 일하면 성취감과 만족감이 크게 증가할 수 있고 일상생활에 새로운 의미와 목적을 부여하면, 보다 의미 있는 삶을 살아갈 수 있다.

우리가 자신의 강점을 인식하고, 몰입적인 활동을 선택하여 일상적으로 강점을 발휘하고 발전시키는 방법에 대해 다루는 것이다.

5 나의 장점을 활용하여
다른 사람들과 소통하기

개인의 강점을 인식하고 활용하여 주변 사람들과 더 깊고 의미 있는 관계를 형성하는 데 중점을 둔 자기계발적이고 인본주의적인 접근법이다.

자기 인식, 고유한 자질에 대한 이해, 강점을 인정하는 것에서 시작된다. 우리가 잘하는 것을 인식함으로써 우리는 진정한 자아를 전달하고 다른 사람들과의 상호 작용 및 협업에 의미 있게 기여할 수 있다.

공감과 이해에 중점을 둔다. 자신의 강점을 인식할 때 우리는 다른 사람들과 공감하고 그들의 고유한 특성을 인정할 수 있다. 이는 서로의 개별적인 강점을 소중히 여기고 존중하기 때문에 관계에서 더 강한 유대감을 형성한다.

커뮤니케이션에서 우리의 강점을 활용하는 것은 매우 중요한 역할을 한다. 이는 자신을 효과적으로 표현하고 다른 사람의 말을 적극적으로 경청하는 데 도움이 된다. 이해와 상호 존중을 촉진하여 협업을 위한 긍정적이고 지원적인 환경을 조성한다.

협업에서 우리의 강점을 활용할 때 우리는 역량과 신뢰성을 보여줄 수 있으며, 이는 다른 사람들과의 신뢰와 친밀감을 구축한다. 신뢰는 의미 있는 관계의 토대이며, 보다 효과적이고 성공적인 협업을 가능하게 한다.

서로의 강점을 인정하고 감사하는 것은 개인적, 직업적 성장을 촉진한다. 예를 들어, 누군가의 리더십 기술을 인정하면 더 큰 도전을 하고 더 발전하도록 동기를 부여할 수 있다.

다양한 강점이 시너지 효과를 내면 더욱 유익한 협업으로 이어진다. 서로 다른 강점을 결합하면 개인이 서로의 능력을 보완하여 혁신적인 솔루션과 집단적 성취감을 이끌어낼 수 있다.

갈등이 있을 때 강점을 강조하면 건설적인 해결책을 찾는 데 도움이 된다. 상대방의 강한 감성 지능을 인정하면 공감과 이해로 갈등에 접근하여 보다 긍정적인 해결책을 찾을 수 있다.

서로의 강점을 인정하고 칭찬하면 감사와 지원의 문화가 조성된다. 이는 개인 간의 유대감을 강화하여 더욱 격려하고 고양하는 환경을 조성한다.

공동의 이익을 위해 강점을 활용하면 상호 지원과 동기 부여가 촉진된다. 각자의 강점을 바탕으로 협업하면 개인이 서로를 격려할 수 있어 더욱 고무적이고 성공적인 환경을 조성할 수 있다.

인본주의적 접근 방식을 수용하면 공유된 가치, 공감, 존중을 바탕으로 의미 있는 관계를 형성할 수 있다. 서로의 강점을 인정하고 존중하면 개인 간의 유대감이 깊어지고 지속적이고 만족스러운 관계가 형성된다.

개인의 강점을 인식하고 활용하여 주변 사람들과 진정성 있고 공감하며 만족스러운 관계를 형성할 것을 권장한다. 이를 통해 서로를 지지하고, 성장하고, 감사하는 환경을 조성하여 더욱 강력하고 의미 있는 관계를 형성할 수 있다.

4장

성장 마인드셋 개발

1 | 고정 마인드셋과 성장 마인드셋의 차이점

고정된 마인드셋과 성장 마인드셋의 차이는 개인들이 자신의 능력을 어떻게 바라보고 도전에 접근하는지에 있다.

고정된 마인드셋을 가진 사람들은 자신의 특성, 재능, 지능이 크게 변하지 않는 고정된 특성이라고 믿는다. 그들은 현재의 능력을 넘어서는 도전이나 과제를 피하거나, 실패를 두려워하거나, 불완전하게 보이기를 두려워한다. 어려움에 직면하면 한계가 극복할 수 없다고 믿어 쉽게 포기하는 경향이 있다.

반면 성장 마인드셋은 노력, 헌신, 학습을 통해 능력과 재능이 발전할 수 있다는 믿음이 특징이다. 성장 마인드셋을 가진 사람들은 도전을 학습과 발전의 기회로 여긴다. 어려움을 극복하는 과정에서 실패는 자연스러운 일부로 여기며, 어려움에도 불구하고 끊임없이 노력한다.

PART 2 몰입을 위한 마인드셋 개발

개인이 채택하는 마인드셋은 삶의 여러 측면에서 태도와 행동에 깊은 영향을 미치며, 회복력, 동기 부여, 배움과 성장에 영향을 미칠 수 있다.

◈ 고정 마인드셋 ◈

고정된 마인드셋은 개인들이 자신의 특성, 재능, 지능을 선천적이고 불변의 특성으로 인식하는 믿음 체계이다. 그들은 자신의 능력이 미리 결정되어 있고 노력이나 학습을 통해 크게 발전하거나 개선될 수 없다고 믿는다. 고정된 마인드셋을 가진 사람들은 특정 수준의 지능과 재능을 타고 났으며 이러한 특징들이 평생 동안 변하지 않는다고 믿는다.

고정된 마인드셋을 가진 개인들은 현재 자신이 능력 밖이라고 인식하는 도전이나 과제를 피하는 경향이 있다. 그들은 실패를 두려워하며 실패를 자신의 본질적인 한계를 반영한 것으로 보기도 한다. 그래서 부적절하게 보일까봐 리스크를 감수하거나 새로운 시도를 하지 않는 경우도 있다.

고정된 마인드셋을 가진 사람들은 어려움이나 좌절에 직면하면 쉽게 낙담할 수 있다. 그들은 어려움을 자신의 능력 부족의 증거로 보는 대신 성장의 기회로 바라보지 않을 수 있다. 실패를 두려워하고 도전을 피할 수 있어 편안한 영역을 벗어나는 것에 주저할 수 있으며, 이로 인해 개인적, 직업적 발전이 저해될 수 있다.

또한, 고정된 마인드셋을 가진 개인들은 자주 타인으로부터 인정을 받으려 하고 비판을 피하려 한다. 그들은 긍정적인 자기 이미지를 유지하려 하고 자신의 단점을 숨기려 할 수 있다. 결과적으로, 자신의 고정된 능력에 대한 믿음에 도전하는 피드백이나 건설적인 비판을 받아들이기 어려울 수 있다.

전반적으로 고정된 마인드셋은 개인의 새로운 도전에 대한 의지를 제한하고 학습과 성장의 능력을 해치며, 역경에 대한 회복력을 약화시킬 수 있다. 고정된 마인드셋을 인식하고 해결하는 것은 개인적 발전과 자신의 잠재력에 도달하는 데 필수적이다. 성장 마인드셋을 수용함으로써 개인들은 무한한 가능성과 지속적인 개선의 세계를 열어갈 수 있다.

◈ 성장 마인드셋 ◈

성장 마인드셋은 개인들이 능력, 재능, 지능을 헌신, 노력, 학습을 통해 개발하고 향상시킬 수 있는 특성으로 인식하는 믿음 체계이다. 성장 마인드셋을 가진 사람들은 자신의 잠재력이 고정되어 있지 않고, 인내와 도전을 통해 시간이 지남에 따라 확장될 수 있다고 믿는다.

성장 마인드셋을 가진 사람들은 도전을 학습하고 성장할 기회로 보며, 그들의 가치에 대한 위협으로 보지 않는다. 어려운 도전을 수용하고 실패를 학습 과정의 자연스러운 부분으로 간주한다. 실패로 인해 낙담하는 대신 호기심을 유지하고 실수로부터 배우려 한다.

성장 마인드셋을 가진 사람들은 자기 개선을 위한 소중한 정보로 피드백이나 건설적인 비판을 더 적극적으로 찾아간다. 그들은 실수를 두려워하지 않고, 그것을 발전의 발판으로 생각하며 이러한 학습과 적응에 대한 의지는 회복탄력성과 자기 발전에 대한 긍정적인 태도를 길러준다.

성장 마인드셋을 가진 개인들은 위험을 감수하고 편안한 영역을 벗어날 가능성이 더 높다. 그들은 노력을 숙달로 이어지는 길로 인식하며, 자신의 기술을 개선하는 데 시간과 에너지를 투자한다. 이러한 성장 지향적 접근은 더 높은 수준의 성과와 성능을 이룰 수 있도록 돕는다.

또한 성장 마인드셋을 가진 사람들은 타인으로부터 인정을 얻거나 자기 이미지를 보호하는 데 초점을 두지 않는다. 그들은 지속적인 학습과 개선을 통해 진보와 성공이 이루어진다는 사실을 이해하고 있고 그들은 도전을 수용하고 새로운 기회를 잡고 삶의 여러 영역에서 자신의 재능을 발전시키는 데 더욱 개방적이다.

전반적으로 성장 마인드셋은 개인들이 낙관적이고 탄탄한 자세로 삶을 바라보도록 돕는다. 자신의 성장과 학습 능력을 믿는 것은 장애물을 극복하고 변화에 적응하며 개인적, 직업적 삶의 다양한 측면에서 최대한의 잠재력에 도달하는 데 도움이 될 것이다. 성장 마인드셋을 받아들이는 것은 개인적 발전과 장기적인 성공과 만족을 이루는 데 필수적이다.

2 | 학습과 적응을 위한 성장 마인드 함양

성장 마인드셋을 발전시키기 위해서는 헌신, 노력, 지속적인 학습을 통해 우리의 능력과 재능을 개발할 수 있다는 믿음을 받아들여야 한다. 성장 마인드셋은 자질과 기술을 고정적인 것으로 보는 대신 도전을 포용한다. 이를 통해 성장과 발전의 기회로 바라볼 수 있다.

성장 마인드셋을 가진 개인들은 새로운 아이디어에 열려 있고, 도전을 받아들이려 한다. 어렵거나 편안한 영역을 벗어나는 도전도 겁내지 않는다. 실패에 낙담하는 대신 그것을 학습 과정의 자연스러운 부분으로 보고 실수에서 배울 수 있는 기회로 간주한다.

이러한 마인드셋은 지식에 대한 갈증과 자기 개선에 대한 열망을 유발한다. 이러한 마인드셋은 개인들이 피드백을 구하고, 다른 사람으로부터 배우며, 장애물을 극복하고 목표를 달성하기 위해 자신의 접근 방식을 조정하는 것을 촉진한다.

성장 마인드셋은 역경에 대한 회복력을 증진시킨다. 성장 마인드 셋을 가진 사람들은 역경이나 실패에 직면했을 때 더욱 인내심을 갖고, 성공을 찾을 때까지 다양한 전략을 시도하려 한다.

또한, 성장 마인드셋을 가진 사람들은 타인으로부터 인정을 받거나 자기 이미지를 보호하는 데 초점을 두지 않는다. 그들은 성장이 노력과 학습을 통해 이루어진다는 것을 이해하고, 자신의 포부를 이루기 위해 노력할 준비가 되어 있다.

성장 마인드셋을 발전시키기 위해서는 자신의 신념에 도전하고, 피드백에 개방적이며 학습과 개인적 발전에 대해 긍정적인 태도를 가져야 한다. 성장 마인드셋은 개인들이 새로운 상황에 적응하고 변화를 수용하며, 삶의 다양한 측면에서 자신의 잠재력을 최대한 발휘할 수 있도록 도와준다.

3 | 노력과 인내가 성공을 만드는 방법

노력과 인내는 목표를 향해 나아갈 때 몰입도를 높이는 데 중요한 요소이다. 성장 마인드셋을 갖춘 개인은 헌신과 노력을 통해 자신의 능력을 발전시킬 수 있다는 것을 이해한다. 그들은 도전과 실패로부터 배움을 얻으며, 이를 학습 과정의 자연스러운 부분으로 여기며 발전의 기회로 여긴다.

노력은 목표 달성에 중요한 역할을 한다. 개인이 어떤 목표를 위해 노력을 투자하면, 그들은 적극적으로 과제에 몰입하며 결과물에만 초점을 두지 않고, 과정에 집중한다. 새로운 기술을 습득하고, 어려움을 극복하기 위해 시간과 에너지를 투자한다. 끊임없는 노력을 통해 개인들은 능력을 쌓아올리고, 성취감을 느끼며 지속적인 탁월함을 추구하는 동기를 얻게 된다.

인내는 어려움이나 좌절을 마주하더라도 꾸준히 나아가려는 불굴의 의지이다. 인내를 지닌 사람들은 어려움이 발생할 때 포기하지 않으며, 도전을 발전으로 나아가는 계단으로 여긴다. 그들은 역경에도 불구하고 결단력 있고 탄력적이다. 우리는 끊임없이 발전하고 원하는 결과를 달성하기 위해 노력한다.

노력과 인내를 평가하기 위해서는 솔직한 자기평가와 실수로부터 배우기 위한 의지가 필요하다. 자신의 진전을 적극적으로 평가하는 사람들은 추가적인 노력이 필요한 부분을 발견하고 전략을 개선한다. 그들은 타인으로부터 피드백을 구하며 건설적인 비판이 성장과 발전에 도움이 된다는 것을 알고 있다.

목표를 추구할 때 노력과 끈기에 초점을 맞추면 개인이 동기를 부여하고 여정에 전념할 수 있습니다. 도전을 인내하고 개선에 전념할 수 있는 능력은 목적의식과 성취감을 키워줍니다.

목표를 추구하는 데 노력과 인내에 집중하는 것은 개인들에게 동기를 부여하고 그들을 여정에 헌신하도록 한다. 어려움을 극복하고 개선에 헌신하는 능력은 목적의식과 성취감을 유발한다.

결국, 노력과 인내를 목표 달성의 기반으로 받아들이면 더 많은 열정적인 진전을 이뤄낼 수 있다. 이 여정은 끊임없는 학습, 자기 발견, 그리고 성장으로 가득한 변형적인 경험으로 이어진다. 개인들이 이러한 자질을 함양할 때 그들은 자신의 잠재력을 발휘하고 목표를 추구하는 것에 의미를 발견하며, 목적지에 이르는 여정 또한 보람차게 만든다.

PART 3

몰입을 위한
환경 조성

자기계발에 몰입할 수 있는 환경을 조성한다는 것은 깊은 몰입과 집중력을 촉진하는 환경을 만드는 것을 의미합니다. 이는 개인에게 매력적인 활동이나 경험을 구성하여 그들이 완전히 집중하고 참여할 수 있도록 하는 것을 포함합니다.

이러한 환경은 방해 요소를 제거하고 기술 개발과 의미 있는 연결의 기회를 제공함으로써 개인의 성장과 자기 발견을 가능하게 합니다. 몰입을 위해서는 선택한 길에 의도적으로 헌신해야 하며, 이를 통해 개인은 도전을 받아들이고 새로운 관점을 탐구하며 회복탄력성을 키울 수 있습니다.

몰입은 개인들이 창의성을 발휘하고 문제 해결 능력을 강화하며 목적과 성취감을 발전시킬 수 있게 합니다. 이러한 몰입적인 환경은 계속적인 학습을 촉진하는 계기가 되어 개인이 자기계발의 혁신적인 여정을 시작할 수 있게 해줍니다.

1장

집중과 주의력 관리

1 | 집중력 있는 참여를 위한 방해 요소 최소화하기

몰입은 창의력을 키우고 성취감을 높이는 데 중요한 역할을 한다. 하지만 때때로 외부의 방해 요소가 집중을 방해하고 진정한 몰입을 달성하기 어렵게 만들기도 한다.

몰입은 창의성을 기르고 성취감을 높이는 데 중요한 역할을 한다. 하지만 때로는 외부의 방해요소로 집중을 방해하고 진정한 몰입을 이루기 어렵게 만들기도 한다.

몰입을 극대화하기 위해서는 집중적인 참여를 도와줄 수 있도록 방해요소를 최소화하는 것이 중요하다. 이를 위해 목표와 가치에 대한 명확한 이해가 필요하며, 그에 부합하는 환경을 조성해야 한다. 불필요한 사소한 일에 시간과 에너지를 쏟지 않고 우선순위를 정하고 집중력을 향상시키기 위해 노력해야 한다.

감정적 부담과 스트레스 역시 몰입을 방해하는 중요한 요인이다.

감정의 기복을 최소화하고 긍정적인 마인드셋을 유지하는 것이 몰입의 장벽을 낮추는 데 필수적이다. 자기 이해와 공감을 바탕으로 협력적인 분위기를 조성하고 창의적인 아이디어가 자유롭게 흘러나올 수 있는 환경을 조성하는 것이 중요하다.

이러한 장애물을 최소화하는 과정에는 노력과 인내가 필요하다. 하지만 깊은 몰입의 순간과 그 뒤에 찾아오는 성취감은 모든 노력을 가치 있게 만든다. 집중적인 참여를 통해 우리는 새로운 가능성을 탐색하고 우리의 능력과 잠재력을 발휘하고 이는 결국 삶의 질을 향상시키고 보다 의미 있는 삶을 살도록 이끌어 준다.

다음은 방해 요소를 최소화하기 위한 몇 가지 실용적인 방법이다.

1) 나만의 전용 공간
공부, 업무 또는 취미와 같은 몰입적인 활동을 위해 특정 공간을 지정한다. 이 공간은 소음, 어수선함 및 타인으로부터의 방해와 같은 불필요한 요소로부터 자유로워야 한다.

2) 특정 시간 정하기
방해 요소 없이 한 가지 작업에 집중할 수 있는 특정한 시간을 정한다. 이 기간 동안 소셜 미디어를 확인하거나 이메일을 보거나 업무와 무관한 활동을 하지 않는다. 포모도로 기법과 같은 시간 관리 기법을 사용해 집중력을 유지하고 번아웃을 방지한다.

3) 알림 끄기

휴대폰, 컴퓨터 또는 기타 장치에서 불필요한 알림을 비활성화한다. 이렇게 하면 지속적인 방해를 방지하고 당면한 작업에 집중할 수 있습니다.

4) 우선순위 정하기

한 번에 한 가지 작업에 집중하고 해야 할 작업의 우선 순위를 정하자. 이렇게 함으로써 여러 업무로 인해 압도되지 않고 에너지와 주의력을 효율적으로 집중할 수 있다.

5) 멀티태스킹 제한

일반적으로 생각하는 것과 달리, 멀티태스킹은 생산성을 감소시키고 몰입을 방해할 수 있다. 대신 한 가지 작업을 완료한 후에 다음 작업으로 넘어가는 걸 추천한다.

6) '방해 금지' 모드 사용

더 높은 수준의 집중력이 필요할 때는 장치에서 '방해 금지' 모드(무음)를 활성화하여 통화 및 메시지 수신을 차단한다.

7) 주변 방해 요소 최소화하기

주변 환경을 조정하여 방해 요소를 최소화한다. 문을 닫거나 노이즈 캔슬링 헤드폰을 사용하거나 편안한 배경 음악을 틀어 몰입에 도움이 되는 분위기를 조성한다.

8) 규칙적인 휴식

장시간 집중하는 동안 잠시 휴식을 취하도록 한다. 이러한 휴식은
마음을 재충전하고 정신적 피로를 예방하는 데 도움이 된다.

기억하세요, 방해 요소를 최소화하는 환경을 조성하는 것은 점진
적인 과정이다. 인내심을 가지고 여러분에게 가장 적합한 방법을 계
속해서 세밀하게 조정해 보자. 꾸준한 연습을 통해 참여도를 높이
고 선택한 활동에서 더 많은 성과를 얻을 수 있다.

◈ 포모도로 Pomodoro 기법 ◈

포모도로 기법은 1980년대 후반 프란체스코 시릴로 Francesco Cirillo 가 개발한 시간 관리 기법입니다. 이 기법은 작업을 '포모도로'라 불리는 간격으로 나누어 집중력, 생산성, 효율성을 향상시키는 것을 목표로 합니다. 각 포모도로 기법은 하나의 작업에 집중하는 짧은 시간 동안 집중한 다음 잠시 휴식을 취하는 것입니다. 이 기법의 자세한 작동 방식은 다음과 같습니다.

타이머 설정 : 먼저 작업하고 싶은 작업을 선택합니다. 표준 포모도로 시간인 25분으로 타이머를 설정합니다.

작업 수행 : 25분 동안 포모도로가 작동하는 동안 선택한 작업에 온전히 집중해서 작업하세요. 이 시간 동안에는 다른 사람의 방해나 방해를 받지 마세요.

잠시 휴식하기 : 25분 시간이 끝나면 5분 정도 짧은 휴식을 취하세요. 이 시간에는 긴장을 풀거나 스트레칭을 하거나 즐거운 일을 하면서 마음을 재충전하세요.

반복 : 짧은 휴식 후 다시 포모도로를 시작합니다. 25분 집중 작업 후 5분 휴식을 취하는 이 사이클을 계속 반복합니다.

더 긴 휴식 시간 : 포모도로 4세트(각 25분씩)를 완료한 후에는 약 15~30분간 더 긴 휴식을 취하세요. 이 긴 휴식 시간을

통해 다음 포모도로 세트를 시작하기 전에 휴식을 취하고 활력을 되찾을 수 있습니다.

진행 상황 기록하기 : 하루 동안 얼마나 많은 포모도로를 완료했는지 기록하세요. 이를 통해 생산성을 모니터링하고 업무 습관의 패턴을 파악할 수 있습니다.

포모도로 기법은 짧은 시간 동안 집중하는 뇌의 능력을 활용하고 번아웃을 방지하는 데 도움이 되기 때문에 효과적입니다. 짧은 휴식 시간은 보상으로 작용하여 정신적 피로를 예방하고, 각 포모도로에 대한 시간 제한은 긴박감을 고취하여 미루는 일을 최소화합니다.

포모도로 기법에 익숙해지면 선호도와 작업의 복잡성에 따라 포모도로 시간을 조정할 수 있습니다. 어떤 사람들은 25분이라는 시간이 너무 짧다고 생각하는 반면, 어떤 사람들은 매우 까다로운 작업의 경우 더 짧은 간격을 선호할 수도 있습니다.

전반적으로 포모도로 기법은 시간 관리에 대한 체계적이고 구조적인 접근 방식을 제공하여 집중력을 유지하고 생산성을 높이며 시간을 보다 효율적으로 관리할 수 있도록 도와줍니다.

2 | 집중력 향상을 위한
마음챙김 습관 개발하기

마음챙김 습관은 일상생활에서 마음챙김 상태를 기르는 규칙적인 연습과 행동을 말한다.

마음챙김은 판단 없이 현재 순간에 완전히 집중하고 인식하는 연습을 말한다. 마음챙김은 주어진 활동에 대한 집중력과 참여력을 크게 향상시킬 수 있는 강력한 도구이다.

마음챙김 습관을 기르는 여정은 자기 인식에서 시작됩니다. 현재의 순간에서 자주 우리를 멀어지게 하는 방해 요소를 인식해야 합니다. 이러한 방해 요소는 기기의 알림이나 주변 소음과 같은 외부 자극뿐만 아니라 방황하는 생각이나 걱정과 같은 내부 요인의 형태로도 나타날 수 있다.

마음챙김 습관을 발전시키는 여정은 자기인식으로 시작된다. 우리는 종종 현재 순간으로부터 우리의 주의를 끌어가는 방해물들을 인지해야 한다. 이러한 방해물들은 기기의 알림이나 주변 소음과 같은 외부 자극으로 시작해서 방황하는 생각과 같은 내부적 요인으로 이어진다. 또한 불안이나 걱정과 같은 형태로 나타날 수도 있다.

집중력을 향상시키기 위해 우리는 주어진 작업에 주의를 집중하는 방법을 배운다. 이는 마음이 흐트러지기 시작할 때 주의를 회복하는 훈련을 포함한다. 효과적인 한 가지 방법은 호흡에 주의를 기울이는 것이다. 호흡의 리듬을 관찰함으로써 현재 순간에 집중하는 데 도움이 되는 고정점을 만들 수 있다.

또한 마음챙김 습관을 발전시키기 위해서는 수용과 비판하지 않는 자세도 필요하다. 방해물들이 인간 경험의 자연스러운 부분이라는 것을 인지하고 그들을 경험하는 것도 괜찮다는 것을 인정한다. 대신 자신을 비판하지 않고 부드럽게 업무에 집중할 수 있는 방법을 배운다.

마음챙김 습관을 기르기 위해 일관성이 중요하다. 다른 기술들과 마찬가지로, 연습과 반복을 필요로 한다. 명상이나 신체 스캔과 같은 정기적인 마음챙김 연습에 참여함으로써 현재에 집중하는 능력을 강화하고 시간이 지남에 따라 집중력을 향상시킬 수 있다.

우리가 이 여정을 진행함에 따라, 우리는 활동에 완전히 몰입하는 능력에 긍정적인 변화를 알아차릴 수 있다. 외부와 내부의 소음에 덜 압도되며, 집중력을 유지하는 능력이 깊어지고 이 강화된 집중력은 업무, 학업 및 취미에서 더 의미 있게 참여하도록 도와주며, 생산성이 증가하고 업무에 흐름을 느끼게 한다.

마지막으로 마음챙김 습관을 기르는 것은 집중력을 향상시키고 일상적인 노력에 더욱 몰입할 수 있는 귀중한 접근법이다. 자기 인식, 수용, 꾸준한 연습을 통해 우리는 현재 순간의 힘을 활용하고 보다 집중력 있고 만족스러운 삶을 만들 수 있는 잠재력을 발휘할 수 있다.

마음챙김 습관은 의도적으로 하는 행동으로, 높은 경각심을 기르고 유지하는 데 도움이 된다. 일반적인 마음챙김 습관은 다음과 같다.

명상 : 집중 호흡이나 신체 스캔 명상과 같은 공식적인 명상 연습에 참여하는 것은 마음챙김 습관의 기본이다. 명상은 현재에 집중할 수 있도록 마음을 훈련하는 데 도움이 된다.

호흡 : 하루 중 잠시 시간을 내어 의식적으로 호흡에 집중하는 것은 간단하면서도 강력한 마음챙김 습관이 될 수 있다. 숨을 들이마시고 내쉴 때 현재 순간에 주의를 기울인다.

식사 : 음식의 맛, 질감, 향을 음미하고 음식에 온전히 집중하면 식사 시간을 마음챙김 연습으로 바꿀 수 있다.

<u>걷기</u> : 마음챙김 걷기는 한 걸음 한 걸음에 주의를 기울이고, 발 밑의 땅을 느끼며, 잡념에 빠지지 않고 주변을 관찰하는 것을 포함한다.

<u>경청</u> : 대화에 참여하거나 다른 사람의 말을 들을 때는 방해하지 않고 상대에게 온전히 주의를 기울여 마음챙김 경청을 연습한다.

<u>관찰</u> : 잠시 시간을 내어 주변의 색상, 모양, 질감 등 주변 환경의 세부적인 요소에 주목해 보자. 사물, 자연, 심지어 예술 작품들과 함께 할 수 있다.

<u>휴식</u> : 하루 중 짧은 휴식을 취하며 집중 호흡을 연습하면 마음을 재설정하고 현재 시간으로 돌아올 수 있다.

<u>감사</u> : 일상 생활에서 작은 것들에 감사를 표현하는 습관을 기르는 것은 하루의 긍정적인 측면에 집중하는 데 도움이 될 수 있다.

지속성과 의도적 실천이 마음챙김 습관을 기를 수 있는 핵심이다. 이러한 습관들을 일상생활에 통합함으로써 우리는 점차적으로 마음을 더욱 현재에 머무르도록 훈련할 수 있으며, 이는 스트레스를 줄이고 집중력을 높이며 행복감을 증진시킬 수 있다.

3 | 최적의 몰입을 위한 흐름 상태 조성하기

플로우Flow란 심리학자 미하이 칙센트미하이가 만든 용어로, 어떤 활동에 완전히 몰입하여 깊은 집중을 할 때 시간이 금방 지나가는 것 같고, 쉽게 성취감을 느낄 수 있는 상태를 말한다.

플로우 상태를 달성하고 몰입감을 높이기 위해서는 몇 가지 핵심 요소가 필요하다. 첫 번째로 중요한 요소는 명확한 목표 설정이다. 업무에 명확하게 정의된 목표가 있으면 방향성과 목적감을 만들어 완전히 참여할 수 있도록 도와준다.

다음으로, 활동의 난이도를 자신의 기술 수준에 맞추는 것이 필요하다. 플로우는 도전이 자신의 능력을 약간 뛰어넘는 상태에서 발생하며 이를 '최적의 각성'이라고 한다. 도전이 너무 쉬우면 지루해지고 너무 어렵다면 부담감을 느낄 수 있다. 자신의 실력에 맞게 난이도를 조절하는 것은 흐름을 잡는 데 필수적이다.

집중력도 또 다른 중요한 요소이다. 몰입을 위해서는 주변의 방해 요소와 영향력을 차단하고 현재의 과제에 완전히 집중해야 한다. 현재 순간에만 집중함으로써 우리는 경험에 완전히 몰입할 수 있다.

피드백도 플로우 생성에 중요한 역할을 한다. 적시에 명확한 성과 피드백을 받으면 우리는 행동을 조정하고 개선할 수 있으며, 발전과 능력에 대한 자신감을 강화한다.

플로우 상태에서는 시간 지각이 놀라운 변화를 겪는다. 시간에 대한 감각이 왜곡되어 시간이 분 단위로 지나가는 것처럼 느껴진다. 이 시간 왜곡은 깊이 몰입한 활동의 특징이다.

플로우의 본질적인 요소는 행동과 인식의 통합이다. 자기의식이 줄어들고 과제와 하나가 되며, 지속적인 자기 감시나 불확실성 없이 원활한 행동의 흐름을 경험한다.

마지막으로, 플로우 상태는 활동 자체가 본질적으로 즐겁고 보람을 느낄 때 발생할 가능성이 가장 높다. 진정으로 열정을 쏟을 수 있는 일에 참여하면 플로우 상태가 더 쉽게 유발될 수 있다.

흐름과 최적의 몰입을 촉진하려면 집중에 도움이 되는 환경을 조성하는 것이 필수적이다. 방해 요소를 최소화하고, 긍정적인 사고방식을 기르며, 불필요한 압박감을 없애는 것은 모두 플로우 상태가 발현될 수 있는 조건을 조성하는 데 도움이 된다.

최종적으로 플로우 상태를 달성하는 것은 연습과 미세조정이 필요한 예술이다. 플로우의 핵심 요소를 이해하고 기르는 것을 통해 우리는 깊이 몰입하고 더욱 풍요로운 삶의 경험을 만들어낼 수 있다.

◈ 플로우 이론을 개발한 미하이 칙센트미하이 ◈

헝가리계 미국인 심리학자로 긍정심리학 및 플로우 개념에 대한 광범위한 연구로 유명합니다.

미하이 칙센트미하이는 최적의 인간 경험에 대한 이해와 사람들이 다양한 활동에서 완전한 몰입과 성취감을 얻는 방법에 대한 관심을 바탕으로 플로우 이론을 개발했습니다. 그는 1970년대에 연구를 시작하여 다양한 문화와 각계각층의 사람들을 연구하여 특정 활동에 깊은 만족감과 본질적인 보람을 느끼게 하는 요인을 밝혀냈습니다.

칙센트미하이는 사람들이 활동에 완전히 몰입할 때 집중력, 즐거움, 통제감이 높아지는 것을 경험한다고 보고했습니다. 그는 이러한 최적의 경험 상태를 '플로우'라고 명명하고 연구의 초점이 되었습니다.

그는 어떤 활동이 플로우로 이어지는 이유와 이 상태가 개인의 웰빙과 성과에 어떤 긍정적인 영향을 미치는지 이해하고 싶었습니다. 칙센트미하이는 플로우를 연구함으로써 집중력, 창의력, 삶의 만족도를 높이는 데 기여하는 핵심 요소를 밝혀내고자 했습니다.

플로우의 개념은 심리학, 교육, 스포츠, 비즈니스 등 다양한 분야에 깊은 영향을 미쳤습니다. 인간의 동기 부여, 생산성, 행복에 대한 귀중한 통찰력을 제공했습니다. 또한 칙센트미하이의 연구는 개인과 공동체의 웰빙과 번영을 촉진하는 데 초점을 맞춘 심리학의 한 분야인 긍정 심리학의 발전에도 영향을 미쳤습니다.

전반적으로 플로우 개념을 이해하고자 한 칙센트미하이의 노력은 최적의 몰입을 이끌어내는 조건과 경험을 밝혀냄으로써 인간의 행복과 성과에 대한 이해에 큰 기여를 했습니다.

2장

디지털 중독과의 싸움

1 깊은 경청 :
의미 있는 연결의 핵심

디지털로 포화된 세상에서는 주의력이 흩어지고 피상적인 상호작용이 지배적인데, 깊은 듣기의 기술은 관계를 풍부하게 하고 진정한 이해를 촉진하는 필수적인 기술로 떠오르고 있다.

깊은 경청의 핵심은 현재의 순간에 완전히 몰입하는 것이다. 예상된 생각과 주의를 접어두고, 상대방에게 완전한 주의를 기울인다. 이는 단순히 말을 듣는 것 이상으로, 상대방이 전달하는 감정, 의도, 그리고 말로 표현되지 않는 메시지를 이해하는 것을 포함한다. 깊은 경청을 통해 상대에 대한 공감과 인정을 나타낼 수 있으며, 이는 주변 사람들과 깊은 유대를 형성한다.

깊은 경청을 실천함으로써 우리는 다른 사람들의 이야기와 경험을 존중하고 그들의 관점의 중요성을 인정한다. 이는 깊은 대화의 문을 열어주고, 우리 주변 사람들의 감정과 취약성의 깊이를 탐색할 수 있다. 이 과정은 즉각적인 해결책을 제공하거나 조언을 하는 것이 아니라, 오로지 말하는 상대방에게 완전히 주의를 기울이는 심오한 행위를 중심으로 한다.

깊은 경청은 언어적 소통의 경계를 넘어서서 신체 언어나 표정과 같은 비언어적인 단서를 이해하는 데까지 이어진다. 이러한 미묘한 신호들을 해석하는 기술을 연마함으로써 말로 표현되지 않은 감정을 이해하는 능력이 증가하고 공감을 기반으로 한 연결력을 더욱 풍부하게 만든다.

주의력이 흩어지는 디지털 시대에서는 깊은 경청의 실천이 절대적으로 중요하다. 잡생각을 접어두고 주의를 집중적으로 기울여 깊은 경청의 기술을 활용함으로써, 우리는 더욱 깊은 관계를 형성하며 감성 지능을 향상시키고 자기 자신과 주변 사람들을 더 잘 이해할 수 있게 된다.

'깊은 경청'은 디지털 중독과의 싸움에서의 지침이 되는 원칙이다. 이 원칙을 실천함으로써 우리는 가상 세계의 현실에서 벗어나 진정성 있고 의미 있는 관계를 형성하는데 성공할 수 있다. 이것은 우리에게 의도적으로 디지털 시대를 능숙하게 다루는 능력을 부여하며, 의미 있는 방식으로 진정으로 연결되는 본질에 더욱 가까워지도록 도와준다.

경청의 중요성은 강조할 수 없을 만큼 커서, 효과적인 소통과 의미 있는 관계의 핵심 요소이다. 다음은 삶의 여러 측면에서 경청의 중요성에 대한 몇 가지 이유이다.

커뮤니케이션 향상 : 경청은 소통의 기본 요소이다. 다른 사람들의 말을 주의 깊게 듣게 되면 그들의 메시지의 핵심을 파악할 수 있게 된다. 그들의 감정, 관심사, 그리고 필요를 이해할 수 있게 되며, 이로 인해 더욱 효과적이고 조화로운 대화가 가능해진다.

강력한 관계 구축 : 개인 및 업무 환경 모두에서 적극적인 경청은 신뢰를 증진하고 유대감을 강화한다. 우리가 정말로 들어주고 이해받는다고 느끼면, 우리는 더욱 솔직하게 표현하고 타인과 더 깊은 관계를 형성할 가능성이 높아진다. 경청은 사람들이 진정성 있게 자신들을 표현할 수 있는 안전한 공간을 만들어 준다.

공감과 이해 : 경청은 공감과 이해를 촉진한다. 적극적으로 상대방의 입장에 서서 그들의 경험, 감정, 그리고 어려움을 이해할 수 있게 된다. 이러한 공감적 이해는 갈등을 해소하고 더욱 동정적인 사회를 만드는 데 도움을 준다.

<u>개인적 성장</u> : 피드백과 건설적인 비판에 귀를 기울일 때 우리는 성장을 할 수 있게 된다. 다른 사람의 관점에서 발전할 부분을 인정하고 배우면 개인적, 직업적 발전으로 이어질 수 있다.

<u>협력 촉진</u> : 팀 환경에서는 효과적인 협력을 위해 경청하는 것이 중요하다. 팀원 각각의 의견을 적극적으로 듣고 존중함으로써 서로 다른 아이디어들이 모여 혁신적인 해결책과 성공적 결과물을 만들어 낼 수 있다.

<u>리더십 강화</u> : 효과적인 리더는 숙련된 경청자이기도 하다. 리더는 팀원들의 의견을 경청함으로써 조직의 과제와 기회에 대한 귀중한 통찰력을 얻을 수 있다. 이를 통해 리더는 공동의 비전에 부합하는 정보를 기반으로 결정을 내릴 수 있다.

<u>갈등 해결</u> : 갈등이 있을 때 경청은 해결책을 찾는 데 중요한 역할을 한다. 관련 당사자들이 자신의 의견을 경청하고 존중받는다고 느낄 때 긴장이 완화되고 협력적인 문제 해결이 더욱 실현 가능해진다.

<u>다른 사람들로부터 배우기</u> : 우리가 만나는 모든 사람들은 독특한 경험과 지식을 갖고 있다. 경청을 통해 우리는 다른 사람들의 지혜와 전문성으로부터 배우는 기회를 갖고, 우리의 시야를 넓히고 관점을 풍부하게 만들 수 있다.

<u>포용성 증진</u> : 다양한 배경과 문화를 가진 개인의 의견을 적극적으로 경청함으로써 포용성을 촉진한다. 다른 시각을 이해함으로써 더욱 관용적이고 받아들이는 사회를 형성한다.

<u>정신적, 정서적 지원</u> : 경청은 강력한 형태의 지원이 될 수 있다. 어려운 시기에 누군가의 곁에 있어줌으로써 우리는 위로와 확인을 제공하고, 그들이 어려움을 겪고 있는 것이 혼자가 아니라는 것을 보여줄 수 있다.

본질적으로 경청은 타인에 대한 진정한 배려와 존중의 행위입니다. 경청은 우리가 더 깊은 수준에서 연결하고 다양성을 포용하며 조화를 촉진할 수 있도록 힘을 실어준다. 경청의 기술을 일상생활 속에서 기르면 인간관계뿐만 아니라 세상과 우리 자신에 대한 이해도 풍부해진다.

2 | 더 깊은 참여를 위한 적극적인 경청 기법

사람들이 대화에 온전히 집중하고, 온전히 주의를 기울이며, 이해가 번성하는 세상을 상상해 보자. 이러한 세상은 적극적인 경청의 실천을 통해 현실이 될 수 있다.

필수적인 기법 중 하나는 '마음 챙김 존재감'이다. 이 기법에는 방해 요소를 제거하고, 전자 기기를 끄며 말하는 사람에게 온전히 집중하는 것을 포함한다. 모든 감각을 동원하고 그 순간에 온전히 집중함으로써 진정한 관심과 수용의 공간을 만들어 대화에 더 깊이 참여할 수 있도록 해준다.

또 다른 유용한 기법은 '공감적 성찰'이다. 이 기법은 말을 듣는 것뿐만 아니라 그 뒤에 숨어 있는 감정과 의도에 우리 자신을 맞추는 것을 포함한다. 적극적인 경청자로서 우리는 잠시 시간을 내어 화자가 무엇을 표현하고 있는지 생각해보고, 그들의 관점을 이해하려고 노력하며, 공감과 감성으로 반응한다. 이러한 공감적 성찰은 더 깊은 수준의 이해를 촉진하고 개방적이고 솔직한 소통을 촉진한다.

'명확히 하는 질문'은 또 다른 강력한 능동적 경청 기법이다. 대화 중에 모호하거나 불확실한 부분이 있을 때, 우리는 추측을 자제하고 대신 사려 깊은 질문을 통해 명확성을 확보한다. 추가 정보를 찾고 화자의 관점을 이해함으로써 보다 의미 있고 통찰력 있는 대화에 기여한다.

적극적 경청의 영역을 더 깊이 파고들면 '비언어적 격려'라는 기법을 만나게 된다. 고개를 끄덕이고, 눈을 마주치고, 긍정적인 표정을 짓는 등의 간단한 제스처를 통해 상대방의 말을 소중히 여기고 인정한다는 것을 보여준다. 이러한 비언어적 격려를 통해 신뢰와 격려의 분위기를 조성하여 개인이 더욱 자유롭게 자신을 표현할 수 있도록 장려한다.

마지막으로 '요약하고 반영하기'는 참여의 깊이를 더하는 데 매우 중요한 의미를 갖는다. 적극적인 경청자는 대화의 요점을 요약하여 공유된 내용을 발표자에게 다시 반영한다. 이 과정을 통해 이해가 강화되고 오해가 있다면 바로잡을 수 있어 더욱 의미 있고 유익한 상호작용을 이끌어낼 수 있다.

이러한 능동적 경청 기술을 일상생활에 통합함으로써 우리는 디지털 세상의 산만함을 초월하는 몰입의 여정을 시작한다. 더 많은 주의를 기울이고, 공감하고, 참여하는 경청자가 되면 진정한 관계를 형성하고, 심오한 관계를 키우며, 소속감을 키워 삶을 측정할 수 없을 정도로 풍요롭게 만들 수 있다. '더 깊은 참여를 위한 적극적인 경청 기법'은 디지털 중독의 굴레에서 벗어나 자신과 타인과의 의미 있고 만족스러운 상호작용의 영역으로 이끄는 길잡이가 되어 준다.

3 커뮤니케이션에서의 공감과 감성 지능

몰입형 커뮤니케이션의 핵심은 공감이다. 공감은 다른 사람의 감정과 경험을 이해하고 공유하는 능력이다. 공감적인 커뮤니케이션을 할 때, 우리는 말하는 상대방의 입장에 서서 그들의 감정, 시각, 그리고 근본적 동기를 이해하려고 노력한다. 공감은 깊은 유대감을 형성하며, 장벽을 허물고 신뢰와 개방성의 환경을 조성한다.

공감과 밀접한 관련이 있는 감성지능은 효과적인 커뮤니케이션에서 중요한 역할을 한다. 감성지능은 자신의 감정과 주변 사람들의 감정을 인식하고 관리하는 것을 포함하며 감성지능을 발전시킴으로써 자신의 감정적 반응을 파악할 수 있으며, 이는 자기인식과 진정성을 바탕으로 한 소통을 가능케 한다.

몰입의 영역에서 공감과 감성지능은 비언어적 단서를 해석하는 데 강력한 도구가 된다. 적극적인 경청자는 표정, 보디랭귀지, 미묘한 어조의 변화에 귀를 기울이며, 이는 종종 무언의 감정과 의도를 드러내기 때문이다. 이러한 뉘앙스를 이해하면 더 깊은 수준의 이해가 가능하고 민감하고 존중하는 태도로 대응할 수 있다.

공감과 감성지능은 갈등 해결의 토대가 되기도 한다. 방어적인 태도로 갈등에 접근하는 대신 공감적 의사소통을 통해 이해와 연민을 바탕으로 갈등에 접근할 수 있다. 공감적 경청을 통해 개인이 자신의 우려와 감정을 표현할 수 있는 안전한 공간을 조성하여 협력적인 문제 해결과 해결을 위한 길을 열어준다.

공감과 감성지능의 실천은 대면 상호작용을 넘어 확장된다. 커뮤니케이션이 쉽게 오해되거나 잘못 해석될 수 있는 디지털 영역에서는 이러한 기술이 더욱 중요해진다. 이모티콘과 텍스트는 인간 감정의 뉘앙스를 완전히 포착하지 못할 수도 있지만, 공감과 감성지능으로 디지털 대화에 접근하면 그 격차를 해소하고 의미 있는 연결을 촉진할 수 있다.

결론적으로, '커뮤니케이션에서의 공감과 감성 지능'은 몰입형 커뮤니케이션의 필수 요소로, 디지털 분산의 소음을 깨고 진정한 관계 형성에 필수적인 요소이다. 우리는 공감을 통해 각 개인의 독특함을 존중하고 수용하며, 인정의 분위기를 조성한다. 동시에 감성지능을 발전시킴으로써 진정성, 이해, 그리고 친절함으로 소통하는 도구를 갖추게 된다. 이러한 자질은 디지털 중독의 고난을 극복하는 데 힘을 주며, 당신이 삶과 다른 이들의 삶을 풍요롭게 하는 의미 있는 관계 구축에 초점을 맞출 수 있도록 한다.

3장

경험 공유의 힘

1 연결과 유대감을 위한 공유 경험 만들기

인간관계의 영역에서 경험을 공유하는 힘을 헤아릴 수 없을 정도로 막강하다. 다른 사람들과 경험을 공유할 때 단순한 말 이상의 깊은 유대감을 형성할 수 있다. 이러한 공유된 경험은 진정성 있고 지속적인 관계를 구축하기 위한 토대가 된다.

공유된 경험을 만들기 위해서는 다른 사람들과 함께 활동, 이벤트 또는 적극적으로 참여하여 동일한 여정이나 모험을 함께 나누는 것이 필요하다. 야외 활동을 하거나 콘서트에 참석하거나 단순히 함께 식사를 즐기는 등, 이러한 공유된 순간들은 개인들 간에 특별하고 대체 불가능한 유대를 형성한다.

이러한 경험을 공유하는 동안 우리는 방해 요소와 선입견을 제쳐두고 현재의 순간에 몰입하여 온전히 집중한다. 공유된 활동에 완전히 집중하며, 그 과정에서 감정, 웃음, 심지어 어려움들을 교환하

PART 3 몰입을 위한 환경 조성

게 됩니다. 이러한 상호작용을 통해 서로의 성격, 가치, 반응에 대한 중요한 통찰력을 얻게 된다.

또한, 이러한 공유된 경험들은 우리가 평생 소중히 여길 수 있는 풍부한 기억의 태피스트리를 만들어낸다. 함께 나눈 웃음과 흥분, 상처마저도, 그들은 우리가 다시 소중히 떠올릴 수 있는 이야기들로 남게 되며, 이를 통해 개인들 간의 유대감이 더욱 강화되고 평생 소중히 간직할 수 있는 풍부한 추억의 태피스트리를 만들어낸다. 함께 나눈 웃음과 설렘, 심지어는 상처를 받았던 순간조차도 우리가 애틋하게 회상하고 회상할 수 있는 이야기가 되어 관련된 개인 간의 유대감을 강화한다.

공유된 경험들은 또한 장벽을 허물고 깊은 이해와 공감을 만들어낸다. 우리가 함께 같은 여정을 나아가면서, 서로의 관점, 장점, 어려움들을 이해하게 되고 이를 통해 서로를 더 인간적이고 자비로운 시선으로 바라볼 수 있게 되는 것이다.

디지털 커뮤니케이션이 지배적인 세상에서 공유 경험의 가치는 아무리 강조해도 지나치지 않습니다. 기술은 우리에게 거리를 뛰어넘어 연결할 수 있는 수단을 제공했지만, 공유된 경험을 통해 형성된 연결의 풍부함과 깊이를 대체할 수 있는 것은 아무것도 없다. 이러한 순간은 함께 공유하는 사람들이 진정으로 보고, 듣고, 이해한다고 느끼는 공간을 만들어 준다.

공유 경험을 창출하는 것은 단순히 활동 자체에 관한 것이 아니라, 형성된 유대감, 만들어진 추억, 교환된 감정에 관한 것이다. 이는 시간과 거리를 초월한 진정한 연결이며, 종종 단절된 것처럼 느껴질 수 있는 세상에서 우리를 서로에게 고정시킨다.

결론적으로, 경험 공유의 힘은 개인 간의 깊은 연결과 의미 있는 유대감을 형성하는 능력에 있다. 공유 활동에 적극적으로 참여하고 현재의 순간에 몰입함으로써 우리는 삶을 풍요롭게 하고 서로를 더욱 가깝게 만드는 진정한 관계를 구축할 수 있다. 이러한 공유 경험은 인간관계를 엮는 실타래가 되어 사랑, 우정, 이해라는 아름다운 태피스트리를 형성한다.

2 | 공동 프로젝트와 팀워크에 참여하기

공동 프로젝트와 팀워크에 참여하는 것은 경험 공유의 이점을 활용할 수 있는 강력한 방법이다. 개인이 함께 모여 공동의 목표를 향해 협력할 때, 유대감을 형성할 수 있는 독특하고 역동적인 환경이 조성된다.

공동 프로젝트에서 각 구성원은 자신만의 독특한 기술, 시각 및 아이디어를 제공한다. 다양한 배경과 전문성은 협력적인 과정을 풍부하게 만들어 창의성과 혁신을 일으킨다. 팀원들은 지식과 자원을 공유하면서 믿음과 협력의 튼튼한 기반을 구축하며, 성공적인 공유 경험을 위한 발판을 마련한다.

팀워크에는 효과적인 의사소통과 적극적인 경청이 필요하다. 팀원들은 개방적이고 솔직한 토론에 참여하면서 서로의 기여와 의견을 소중히 여기는 법을 배운다. 이 과정을 통해 서로의 전문성을 존중하고 동료애와 상호 지원의 정신을 키울 수 있다.

공동 프로젝트의 협력적인 공간에서 개인들은 종종 자신의 편안한 영역을 벗어나게 된다. 익숙한 범위를 넘어선 이러한 경험들은 개인적인 성장과 발전을 촉진하고 팀원들이 함께 어려움을 극복함으로써 탄력성과 적응력을 발전시키며, 프로젝트 자체를 뛰어넘는 동지애와 단결의 느낌을 형성하게 된다.

공동 프로젝트의 여정은 함께한 성공과 가끔의 실패로 기억된다. 성취를 함께 축하함으로써 팀 구성원 간의 유대감을 강화하고 프로젝트 성공에 대한 자부심과 공동 소유감을 심어준다. 마찬가지로, 팀으로서 도전에 직면할 때, 이는 집단적 문제 해결의 정신을 기르며 개인적 유대를 강화한다.

팀워크의 영역에서 신뢰는 그룹을 함께 묶어주는 접착제가 된다. 팀원들이 서로의 능력과 의도를 신뢰할 때, 서로에게 의지하고 각 개인이 지원받고 소중히 여기는 환경을 조성할 수 있다. 이 상호 신뢰와 상호 의존성은 팀 경험의 통합된 기반을 형성한다.

팀으로 일하는 경험은 특정 목표에 도달하는 것만이 아니라 그 여정 자체에 엄청난 가치가 있다. 그 과정에서 개인은 의미 있는 관계를 형성하고, 승리와 시련을 공유하며, 서로로부터 배운다. 이러한 공유된 경험은 팀원들이 가지고 다니는 이야기가 되어 팀원들의 일체감과 동지애를 강화한다.

결론적으로, 공동 프로젝트와 팀워크에 참여하는 것은 경험을 공유하고 깊은 유대감을 형성할 수 있는 강력한 수단이다. 팀워크에 내재된 협업, 소통, 신뢰는 성장, 단결, 상호 지원을 위한 비옥한 토양을 만들어 준다. 공동 프로젝트에서 경험을 공유함으로써 개인은 목표를 달성할 뿐만 아니라 삶을 풍요롭게 하고 미래의 성공을 향해 나아갈 수 있는 지속적인 관계를 구축할 수 있다.

3 | 성공을 축하하고
실패로부터 함께 배우기

경험 공유의 영역에서 중요한 측면 중 하나는 성공을 축하하고 실패로부터 함께 배우는 것이다. 개인들이 함께 모여 자신의 성취를 축하하는 순간은 기쁨과 자부심의 순간이 되며, 이는 응집력 있는 그룹으로 묶어준다. 성취감을 공유할 때 성취감은 증폭되고 팀의 집단적 에너지가 모두를 앞으로 나아가게 한다.

도전적인 프로젝트에 대한 끈질긴 노력과 헌신을 바쳐온 팀을 상상해보자. 결승선에 가까워질수록 흥분이 쌓이고 성공에 대한 기대감이 공기를 가득 채운다. 마침내 목표를 달성하면 그룹 전체에 환희가 스며든다. 환호성과 웃음소리가 회의실을 가득 채우며 팀원들은 성공의 빛을 만끽한다.

하지만 성공을 축하하는 것의 아름다움은 승리의 순간뿐만 아니라 축하가 끝난 후에도 오래 남는 성취감을 공유하는 데 있다. 팀원들은 그 성공의 기억을 간직하고 앞으로의 노력에 힘과 동기를 부여받는다. 축하하는 자리에서 형성된 유대감은 더욱 깊어져 열망에 불을 지피는 지원 네트워크를 형성한다.

반면에 경험을 공유한다는 것은 실패와 좌절을 함께 헤쳐나간다는 의미도 있다. 역경에 직면했을 때 팀은 무엇이 잘못되었는지 분석하고 실수로부터 배우기 위해 함께 모이게 된다. 여기에는 비난이나 손가락질 대신 경험을 통해 이해하고 성장하려는 공동의 노력이 필요하다.

프로젝트가 장애물에 부딪혀 팀이 예상치 못한 문제에 직면하는 시나리오를 상상해 보자. 처음에는 실망감이 남아있을 수 있지만 팀은 빠르게 모여서 좌절을 성장의 기회로 전환한다. 그들은 열린 토론에 참여하여 실패의 각 측면을 검토하고 잠재적인 해결책을 아이디어를 내며 고민한다. 실패로부터 배우는 과정은 발견과 회복력을 공유하는 여정이 된다.

이와 같은 순간들에서 진정한 팀워크가 빛난다. 팀원들이 어려운 시기를 지원하고 격려해 주는 때이다. 개인이 자신의 취약점과 약점을 공유해도 안전하다고 느낄 때 동지애는 더욱 깊어진다. 이러한 신뢰와 이해의 환경은 팀이 이전보다 더 강하고 단합된 모습을 보일 수 있게 해준다.

성공과 실패는 모두 팀의 공동 이야기에 기여하여 팀의 정체성을 형성하고 유대를 강화한다. 성공을 함께 축하하는 것은 성취감을 강화하고 서로의 능력에 대한 신뢰를 쌓는다. 실패로부터 배우는 것은 지속적인 개선과 적응력을 키우고 발전을 위한 공동의 노력을 촉진하는 문화를 조성한다.

경험을 공유하는 힘은 성공을 축하하고 실패로부터 공동으로 배우는 과정에서 입증된다. 이러한 승리와 도전의 순간들이 팀의 여정을 지탱하며, 공유된 기억과 성장의 터전을 만들어낸다. 이러한 경험들은 팀을 개별 개인의 그룹 이상으로 만들어, 함께 위대한 것을 이룰 수 있는 통일된 힘으로 만들어낸다.

4장

몰입을 위한 시간 관리와 우선순위 설정

1 | 몰입을 위한 명확한 목표와 우선순위 설정하기

몰입을 추구할 때 명확한 목표와 우선순위를 설정하는 것은 광활한 가능성의 바다에서 우리를 안내하는 나침반이 된다. 마치 항해를 계획하는 선장처럼, 우리는 목적지를 정하고 그 과정에서 가장 중요한 경유지를 계획해야 한다.

명확한 목표를 설정하기 위해서는 몰입형 여정에서 달성하고자 하는 구체적인 결과를 파악해야 한다. 이러한 목표는 정확하고 측정 가능하며 우리의 열망에 관련된 것이어야 한다. 명확히 정의된 목표는 목표를 명확히 하고 초점을 두는 데 도움이 되어 의미 있는 목표를 향해 노력할 수 있게 해준다.

몰입형 독서 및 글쓰기 세션을 통해 글쓰기 실력을 향상시키고자 하는 작가 지망생을 상상해 보자. 이들은 자신이 선택한 장르의 책을 일정 수만큼 읽고 매주 정해진 횟수의 글쓰기 연습을 완료한다는 명확한 목표를 설정한다. 이러한 목표는 방대한 문학 작품의 바다를 안내하는 등대 역할을 하며 의도적인 방식으로 실력을 연마하도록 도와준다.

목표 설정과 함께 우선순위를 정하는 것은 끊임없이 확장되는 기회의 지형을 탐색하는 데 필수적이다. 모든 가능성을 탐구할 수는 없으며 모든 기회를 살릴 수도 없다. 각 활동의 잠재적 영향을 신중하게 평가하여 목표와 가치에 가장 밀접하게 부합하는 활동의 우선순위를 정할 수 있다.

예를 들어, 창업을 시작하려는 젊은 기업가는 비즈니스 개발, 고객 확보, 제품 개선에 직접적으로 기여하는 업무에 우선순위를 두어야 한다. 네트워킹 이벤트와 업계 컨퍼런스는 가치있는 통찰력을 제공할 수 있지만, 비즈니스를 발전시키는 핵심 활동에는 부차적인 것이다.

명확한 목표와 우선순위를 설정하려면 자기 성찰과 자기 인식도 필요하다. 자신의 강점, 한계, 열정을 이해하면 각자의 개성에 맞게 몰입형 경험을 맞춤화할 수 있다. 우리가 추구하는 바를 가치와 관심사에 맞게 조정하면 여정에 대한 참여와 헌신을 높일 수 있다.

해외로 어학 몰입 프로그램을 떠나는 학생을 생각해 보자. 학생들은 출발하기 전에 자신의 언어 능력, 문화적 관심사, 개인적 선호도를 숙고한다. 이러한 자기 성찰을 바탕으로 집중적인 어학 수업과 문화 탐방을 제공하는 프로그램을 선택하여 풍부하고 개인적으로 만족스러운 경험을 할 수 있도록 한다.

몰입의 영역에서 시간은 소중한 자원이다. 명확한 목표와 우선순위를 설정함으로서 성장과 발전을 촉진하는 활동에 의도적으로 시간을 할당할 수 있다. 의미 있는 경험을 추구하는 데 집중할 때 산만함은 그 매력을 잃게 된다.

몰입을 위한 명확한 목표와 우선순위를 설정하는 것은 자발성을 제한하는 것이 아니라 진정성 있고 변화하는 경험으로 안내하는 전략적 지도이다. 이를 통해 우리는 신중한 선택을 할 수 있으며, 열망에 부합하는 기회를 포용하고 여정을 풍요롭게 하는 우연한 만남을 위한 여지를 남겨둘 수 있다.

결론적으로, 명확한 목표와 우선순위를 설정하는 것은 우리를 의미 있는 몰입으로 이끄는 나침반이다. 이러한 의도적인 탐색을 통해 우리는 목표에 부합하는 기회를 포착하고, 열정에 공감하는 경험을 수용하며, 소중한 시간을 최대한 활용할 수 있다. 우리가 몰입의 여정에 나설 때, 성장, 연결 및 자기 발견의 길로 나아가는 것이다.

몰입에서 명확한 목표와 우선순위를 설정하는 것이 왜 중요한지 설명해 드립니다.

목표와 우선순위를 설정하는 것은 경험에 방향성, 집중력, 목적을 제공하기 때문에 몰입을 위해 필수적입니다. 명확한 목표가 없으면 수많은 선택지에 압도되어 목적 없이 표류할 수 있습니다. 몰입을 위해 목표와 우선순위를 설정하는 것이 중요한 이유는 다음과 같습니다.

<u>명확성과 집중력</u> : 목표는 몰입의 여정에서 우리가 가고자 하는 길을 비추는 길잡이 역할을 합니다. 명확한 목표를 염두에 두면 달성하고자 하는 목표를 정확히 알 수 있으므로 목표에 부합하는 여러 활동에 노력과 자원을 집중할 수 있습니다. 이렇게 집중하면 시간과 에너지를 최대한 활용할 수 있고, 산만하고 관련 없는 일을 피할 수 있습니다.
예) 건강한 라이프스타일에 몰입하고자 하는 피트니스 애호가를 상상해 보세요. 마라톤 달리기, 근력 향상, 균형 잡힌 식단 등 구체적인 목표를 설정하면 훈련 계획을 따르고 영양가 있는 식단을 유지하는 등 이러한 목표를 지원하는 활동에 노력을 집중할 수 있습니다.

동기 부여와 헌신 : 목표는 우리에게 목적의식과 동기를 부여합니다. 성취하고자 하는 목표에 대한 명확한 비전이 있으면 도전이나 좌절에 직면했을 때에도 헌신적이고 끈기 있게 노력할 가능성이 높아집니다. 목표는 영감의 원천이 되어 목적의식과 결단력을 가지고 앞으로 나아가게 합니다.

예) 환경 보호에 관심이 많은 학생은 개인 쓰레기와 탄소 발자국을 줄이겠다는 목표를 세우고 친환경 실천에 몰두할 수 있습니다. 이 목표는 대의에 대한 헌신을 지속적으로 상기시켜 의식적인 선택과 지속 가능한 라이프스타일 변화를 위한 동기를 부여합니다.

측정 가능한 진행 상황 : 목표는 정량화 및 측정이 가능하므로 진행 상황을 추적하고 성과를 축하할 수 있습니다. 구체적인 이정표와 벤치마크를 설정함으로써 우리는 얼마나 멀리 왔는지 평가하고 개선이 필요한 영역을 파악할 수 있습니다. 이러한 진전 상황은 동기 부여를 촉진하고 성취감을 선사하여 몰입감을 높여줍니다.

예) 언어에 유창해지기 위해 몰입 학습을 하는 학습자는 매주 특정 수의 새로운 어휘를 학습하거나 원어민과 대화하는 등 점진적인 목표를 설정할 수 있습니다. 이러한 목표를 달성하면 자신감이 생기고 언어 능력이 눈에 띄게 향상되는 것을 느낄 수 있습니다.

<u>효과적인 리소스 할당</u> : 무한한 기회의 세계에서 우선순위를 설정하면 시간, 에너지, 주의력 등 한정된 자원을 현명하게 배분하는 데 도움이 됩니다. 우선순위를 정하면 자신의 가치와 열망에 부합하는 활동과 경험에 투자할 수 있어 몰입형 여정을 더욱 풍성하고 의미 있게 만들 수 있습니다.

예) 창작 활동에 몰두하는 아티스트는 소셜 미디어를 끝없이 탐색하는 것보다 실제 작품 제작에 더 많은 시간을 할애하는 것을 우선순위에 둘 수 있습니다. 이러한 우선순위를 설정하면 몰입 여정에서 가장 영향력 있는 측면에 에너지를 집중할 수 있습니다.

<u>개인적인 성장과 성찰</u> : 목표와 우선순위를 설정하려면 성찰과 자기 인식이 필요합니다. 자신에게 가장 중요한 것이 무엇인지 정의할 때 가치관, 열정, 관심 분야에 대한 통찰력을 얻을 수 있습니다. 이러한 자기 성찰은 개인의 성장을 촉진하여 전반적인 발전에 기여하는 의도적인 선택을 할 수 있도록 도와줍니다.

예) 문학의 세계에 몰입하는 작가 지망생은 문학적 지평을 넓히기 위해 다양한 장르를 읽겠다는 목표를 세울 수 있습니다. 이 목표를 통해 자아를 발견하고 자신의 취향을 이해하며 보다 미묘한 글쓰기 스타일을 개발할 수 있습니다.

결론적으로, 몰입을 위한 명확한 목표와 우선순위를 설정하는 것은 방대한 가능성을 효과적으로 탐색하는 데 매우 중요합니다. 목표와 우선순위를 설정하면 방향 감각이 생기고 동기가 부여되며, 자신의 열망에 부합하는 활동에 집중할 수 있습니다. 목표와 우선순위를 설정함으로써 우리는 목적이 있고 풍요로운 몰입의 여정을 시작하여 개인의 성장과 의미 있는 경험을 촉진합니다.

2 시간 차단 및 생산적인 루틴을 위한 전략

시간 관리와 우선순위 설정은 성공적인 몰입을 위한 기본 요소이다. 새로운 경험과 추구에 몰입할 때는 시간을 효과적으로 사용하고 목표와 가치에 부합하는 활동의 우선순위를 정하는 것이 필수적이다.

시간 관리를 위한 효과적인 전략 중 하나는 시간 차단이다. 시간 차단은 특정 활동에만 집중할 수 있는 시간을 따로 설정하는 것이다. 몰입과 관련된 업무에 지정된 시간을 설정함으로써 방해 요소를 최소화하고 집중력을 극대화한다. 이 시간 블록 동안 우리는 방해받지 않고 선택한 활동에 완전히 몰입할 수 있다.

또 다른 중요한 기법은 우선순위를 설정하는 것이다. 몰입할 때 우리의 주의를 끌기 위해 경쟁하는 수많은 기회와 잠재적인 방해 요소가 있을 것이다. 최우선순위를 파악하면 시간과 에너지를 어디에 할당할지 정보에 입각한 결정을 내릴 수 있게 된다. 이를 통해 목표에 가장 큰 영향을 미치는 활동에 투자할 수 있다.

생산적인 루틴을 활용하여 시간 관리를 더욱 최적화할 수 있다. 특정 작업에 대해 일관된 루틴을 설정하면 노력을 간소화하고 의사 결정에 따른 피로를 줄일 수 있다. 예를 들어, 아침에 언어 연습을 위한 루틴을 정하거나 규칙적인 독서 루틴을 정하면 몰입을 위한 체계적인 접근 방식을 만드는 데 도움이 된다.

또한 시간 관리 도구를 사용하면 효율성을 높일 수 있다. 달력, 할 일 목록, 생산성 앱을 활용하면 체계적으로 정리하고 미리 계획을 세우며 진행 상황을 추적하는 데 도움이 될 수 있다. 이러한 도구는 몰입의 여정에서 소중한 동반자 역할을 하며, 우리가 계획과 책임을 다할 수 있도록 도와준다.

시간 관리 방식에 유연성을 발휘하는 것이 중요하다. 새로운 경험에 몰입하다 보면 예상치 못한 기회나 도전에 직면할 수 있다. 적응력이 뛰어나면 중요한 목표에 집중하면서 이러한 변화에 맞춰 시간 블록과 우선순위를 조정할 수 있다.

시간 관리와 더불어 웰빙을 돌보는 것도 몰입을 지속하는 데 중요하다. 충분한 휴식, 운동, 건강한 습관 유지와 같은 자기 관리의 우선순위를 정하면 몰입에 전념할 수 있는 에너지와 회복탄력성을 확보할 수 있다.

효과적인 시간 관리와 우선순위 설정에는 과도한 소셜 미디어 사용이나 무분별한 검색과 같이 시간을 낭비할 수 있는 잠재적인 활동을 염두에 두는 것도 포함된다. 이러한 방해 요소를 인식하고 최소화함으로써 의미 있는 몰입 경험을 위한 공간을 확보할 수 있게 된다.

궁극적으로 시간 관리와 우선순위 설정은 몰입도 높은 여정을 최대한 활용할 수 있는 강력한 도구이다. 시간을 구조화하고, 우선순위에 집중하고, 웰빙을 돌봄으로써 우리는 혁신적이고 풍요로운 경험을 위한 길을 열 수 있다. 이러한 전략을 마스터하면 몰입의 진정한 잠재력을 발휘하여 우리 삶과 주변 세계에 긍정적인 영향을 미치는 방식으로 성장하고 발전할 수 있는 길을 열어줄 것이다.

3 │ 약속의 균형을 맞추고 몰입을 위한 공간 만들기

몰입을 추구하려면 약속과 몰입 활동을 위한 공간 사이의 균형을 찾는 것이 중요하다. 일상이 약속과 책임으로 가득 차면서 몰입을 위해 의도적으로 시간을 할당하는 것이 중요해졌다.

약속의 균형을 맞추려면 시간 관리에 대한 신중한 접근 방식이 필요하다. 일정을 평가하고, 협상할 수 없는 약속을 파악하고, 유연성을 발휘할 수 있는 부분을 결정해야 한다. 기존 약속을 염두에 두면 달력에 과부하가 걸리는 것을 피하고 몰입할 수 있는 공간을 만들 수 있다.

몰입을 위한 공간을 만들려면 몰입 활동을 위한 전용 시간을 확보해야 한다. 즉, 일정에서 특정 시간 블록을 따로 떼어내어 자신이 선택한 활동에 집중할 수 있는 시간을 확보하는 것이다. 이러한 시간 블록은 방해 요소가 없는 안식처와 같은 역할을 하여 경험에 완전히 몰입할 수 있게 해준다.

이러한 공간을 만들기 위해서는 덜 중요한 약속보다 몰입할 수 있는 활동의 우선순위를 정해야 할 수도 있다. 시간을 보내는 방법을 의도적으로 선택함으로써 몰입에 필요한 주의와 집중을 받을 수 있다.

약속과 몰입의 균형을 맞추려면 유연성도 필수이다. 삶은 예측할 수 없으며 예기치 않은 사건이 발생할 수 있다. 적응력이 있으면 변화하는 상황 속에서도 일정을 조정하고 몰입할 수 있는 시간을 확보할 수 있다.

또한 시간 일괄 배치는 몰입을 위한 공간을 만드는 데 유용한 기술이 될 수 있다. 특정 시간대에 유사한 작업을 그룹화하면 효율성을 높이고 더 몰입할 수 있는 활동을 위한 시간을 확보할 수 있다.

약속을 관리하는 것 외에도 몰입 경험의 질을 고려하는 것이 중요하다. 공간을 확보한다는 것은 단순히 시간을 할당하는 것뿐만 아니라 몰입형 활동을 하는 동안 정신적으로 집중하고 완전히 참여하는 것을 의미한다. 방해 요소를 최소화하고 진정한 호기심과 열정을 가지고 각 경험에 접근하면 몰입의 깊이와 풍요로움이 향상된다.

또한 몰입을 위한 공간을 조성하려면 약속에 대한 경계를 설정해야 한다. 몰입 목표에 부합하지 않는 특정 약속이나 활동은 거절해도 괜찮다. 시간을 보호함으로써 의미 있고 변화적인 경험에 필요한 공간을 확보할 수 있다.

약속과 몰입을 위한 공간 사이의 균형을 찾는 것은 역동적인 과정이다. 우선순위와 환경이 변화함에 따라 지속적인 평가와 조정이 필요하다. 의도적인 선택을 하고, 유연성을 유지하며, 몰입에 대한 깊은 헌신을 키움으로써 몰입 경험을 통해 성장하고, 배우고, 발전할 수 있는 조화로운 균형을 이룰 수 있다.

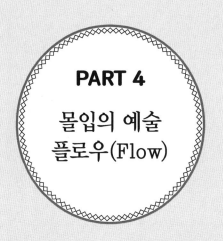

PART 4

몰입의 예술
플로우(Flow)

플로우는 개인이 활동에 완전히 몰입하는 깊은 집중과 참여의 상태입니다. 시간이나 자기 인식이 사라지고 쉽게 통제할 수 있습니다. 도전 과제가 자신의 기술 수준에 맞을 때 발생하며 집중력을 높이고 명상과 같은 경험을 선사합니다.

플로우는 다양한 활동에서 발견할 수 있으며 만족감이나 행복과 같은 긍정적인 결과와 관련이 있습니다. 플로우를 경험하기 위한 전략에는 명확한 목표 설정과 도전 수용이 포함됩니다.

플로우를 통해 놀라운 업적을 이룰 수 있는 인간의 잠재력을 엿볼 수 있습니다. 플로우를 활용하면 생산성과 웰빙이 향상될 수 있습니다.

1장

플로우 상태의 특성과 효과

1 플로우 상태 :
개념 이해

심리학의 영역에서 플로우 상태라는 개념은 인간의 몰입과 최적의 성과라는 본질을 포착하는 매혹적인 현상이다. 플로우 상태는 활동에 완전히 몰입한 상태로, 개인이 완전히 몰입하여 강렬하게 집중하는 상태이다. 이 놀라운 상태에서는 시간이 사라지고 자기 인식이 사라져 개인과 당면한 과제 사이의 완벽한 조화만 남게 된다.

플로우 상태에서는 마치 난관을 쉽게 헤쳐 나가는 것처럼 활동에 대한 깊은 통제감과 숙달감을 경험하게 된다. 이러한 느낌은 방해 요소가 사라지고 그 순간에 온전히 집중할 수 있는 '영역에 있는 것과 비슷하다. 이렇게 집중력이 높아진 상태에서는 일상의 잡음이 사라지고 거의 명상과 같은 경험을 할 수 있다.

플로우는 활동에서 제시하는 도전의 수준이 개인의 기술 수준과 일치할 때 발생한다. 활동이 너무 쉬우면 지루함을 느낄 수 있고, 너무 어려운 과제는 불안이나 좌절감을 유발할 수 있다. 그러나 도전 과제와 기술 수준이 완벽하게 균형을 이루면 개인은 동기를 부여하고 완전히 몰입할 수 있는 최적의 경험 상태에 도달하게 된다.

플로우의 효과는 현재의 업무에 국한되지 않는다. 플로우를 정기적으로 경험하는 사람들은 삶의 만족감과 성취감이 높아진다고 보고한다. 플로우는 목적의식, 행복감, 전반적인 웰빙을 포함한 긍정적인 심리적 결과와 관련이 있다.

플로우는 특정 영역에 국한되지 않고 스포츠, 음악, 글쓰기, 심지어 일상적인 업무 등 다양한 활동에서 경험할 수 있다. 개인이 해당 활동에 깊은 관심과 열정을 가지고 있다면 플로우를 경험할 가능성이 높아진다.

플로우 개념을 이해하면 인간의 성과와 참여의 잠재력에 대한 소중한 통찰을 얻을 수 있다. 플로우를 수용함으로써 개인은 자신의 잠재력을 최대한 발휘하고 자신이 추구하는 분야에서 놀라운 성취를 달성할 수 있다. 플로우 상태에 들어가는 기술을 익히면 생산성, 창의성, 삶의 전반적인 만족도가 향상될 수 있다. 플로우를 경험하기 위한 여정은 인간의 능력의 심오한 탐구와 그 안에 내재한 무한한 가능성을 탐색하는 것이다.

1) 플로우의 정의와 기원

'플로우'라는 용어는 이러한 최적의 경험을 광범위하게 연구한 심리학자 미하이 칙센트미하이$^{Mihaly\ Csikszentmihalyi}$에 의해 만들어졌다.

플로우라는 개념은 창의성과 행복에 대한 미하이 칙센트미하이의 광범위한 연구에서 비롯되었다. 그는 연구를 통해 사람들이 도전적인 활동에 완전히 몰입할 때 강렬한 집중력과 즐거움을 느끼는 순간을 자주 경험한다는 사실을 발견했다. 이를 통해 최적의 성과와 만족감을 느끼는 독특한 심리 상태를 설명하는 플로우 이론을 개발하게 되었다.

플로우는 종종 당면한 작업에 대한 수월함 및 통제감과 관련이 있다. 플로우는 개인의 기술과 활동에서 제시하는 도전 과제 사이에 매끄러운 일치를 이루는 것이 특징이다. 도전의 수준이 개인의 기술 수준과 일치하면 플로우 상태에 들어가 깊은 만족감과 성취감을 느끼게 된다.

플로우라는 개념은 심리학, 스포츠, 예술, 교육 등 다양한 분야에서 널리 인식되고 연구되고 있다. 연구자들은 플로우 경험으로 이어지는 조건과 개인의 웰빙과 성과에 미치는 긍정적인 영향을 탐구해 왔다.

플로우의 정의와 기원을 이해하면 인간 심리와 최적의 경험에 대한 잠재력에 대한 귀중한 통찰력을 얻을 수 있다. 플로우를 인식하고 육성함으로써 개인은 자신의 타고난 역량을 활용하여 깊은 참여, 창의성, 개인적 성취감을 얻을 수 있다. 플로우를 추구하면 인간의 잠재력을 심도 있게 탐구하고 삶의 다양한 측면에서 최고의 경험을 얻을 수 있는 길을 열 수 있다.

1장. 플로우 상태의 특성과 효과

2) 플로우 경험의 핵심 요소

플로우 상태의 중심에는 인간 참여의 본질과 최적의 성과를 포착하는 매혹적인 경험이 자리 잡고 있다. 이 독특한 상태에서는 개인이 활동에 완전히 몰입하여 현재 순간에 완전히 몰입한 자신을 발견하게 된다. 시간이 사라지고 자의식이 사라져 자신과 당면한 과제 사이의 완벽한 조화만 남게 된다.

플로우 경험의 핵심 요소는 심오한 집중력과 집중력을 중심으로 이루어진다. 이 상태에서 개인은 활동과 하나가 되어 온전히 그 활동에 집중하게 된다. 명상과 같은 깊은 몰입을 경험하면서 산만함과 외부의 우려는 뒤로 사라진다.

이러한 몰입감은 종종 여유로움과 통제감을 동반한다. 도전에 직면했음에도 불구하고 개인은 활동을 자연스럽게 미끄러지듯 진행하는 것처럼 느낀다. 자신의 기술과 과제의 요구가 완벽하게 일치하는 '몰입 상태'에 도달하면 숙달과 성취감을 느끼게 된다.

플로우 상태는 자의식의 상실이 특징이다. 과거의 실패나 미래의 불확실성에 대한 걱정에서 벗어나 현재의 순간에 완전히 몰입한다. 전적으로 활동에 집중하기 때문에 특별한 기쁨과 만족감을 느낄 수 있다.

플로우 경험은 스포츠, 예술, 일, 취미 등 다양한 삶의 영역에서 일어날 수 있다. 사람들이 활동에 깊은 관심과 열정을 가질 때 플로우를 경험할 가능성이 높아진다. 또한 활동 자체가 도전과 기술 사이의 균형을 제공하여 개인이 최적의 수행 수준에 도달할 수 있도록

해야 한다.

플로우는 고조된 경험의 상태일 뿐만 아니라 변화하는 현상이기도 하다. 목적의식 고취와 전반적인 웰빙을 포함한 긍정적인 심리적 결과와 관련이 있다.

플로우 경험의 핵심 요소를 이해하는 것은 인간의 심리와 최고의 경험에 대한 잠재력에 대한 소중한한 통찰력을 얻을 수 있다. 플로우를 인지하고 기르는 것으로 개인은 깊은 참여, 창의성, 개인적 성장을 위한 타고난 역량을 활용할 수 있다. 플로우를 추구함으로써, 우리는 인간의 잠재력의 한계를 탐구하며 충실하고 의미 있는 삶을 살아가는 길을 찾게 된다.

2 | 플로우 심리학

플로우 심리학은 최적의 경험을 선사하는 이 매혹적인 상태의 내적 작용을 탐구한다. 개인이 플로우에 몰입하면 심리 상태에 심오한 변화를 겪게 된다.

플로우 심리학의 핵심적인 측면 중 하나는 개인이 경험하는 강렬한 집중력이다. 플로우에 빠져 있는 동안에는 주의력이 활동에 완전히 몰입되어 그 순간에 완전히 존재하게 된다. 이렇게 깊은 수준의 집중력을 발휘하면 방해 요소와 외부의 관심사가 뒤로 물러나기 때문에 최고의 성과를 낼 수 있다.

플로우는 종종 수월함 및 통제감과 관련이 있다. 어려움에 직면하더라도 개인은 자신의 행동을 완전히 통제하고 있는 것처럼 느낀다. 이러한 숙달감과 통제감은 플로우 경험의 즐거움과 만족감을 더한다.

플로우 심리학의 또 다른 필수 요소는 자의식의 상실이다. 이 상태에서 개인은 시간을 잊어버리고 걱정과 자기 의심을 잊게 되고 활동에 완전히 몰입하여 기쁨과 성취감을 경험한다.

플로우 경험은 본질적으로 동기를 부여한다. 활동 자체가 보람이 되고, 사람들은 외적인 보상보다는 그 과정의 순수한 즐거움을 위해 활동에 참여한다. 이러한 내재적 동기는 당면한 업무에 대한 헌신을 촉진한다.

또한 플로우 경험은 개인의 자아감에도 큰 영향을 미친다. 플로우를 경험하는 동안에는 자아와 활동 사이의 경계가 모호해지고 개인은 업무와 일체감을 느끼게 된다. 이러한 자아와 활동의 융합은 정체성과 목적의식을 강화한다.

플로우의 심리학은 이러한 최적의 경험을 촉진하는 데 있어 도전과 기술 균형의 역할을 강조한다. 활동에서 제시하는 도전과제가 개인의 기술 수준과 일치할 때 플로우의 상태가 나타난다. 이러한 섬세한 균형은 발전과 성장의 감각을 촉진하여 개인이 지속적으로 새로운 도전과 플로우를 위한 기회를 찾도록 유도한다.

플로우 경험은 깊은 보람을 주며, 개인에게 지속적인 성취감과 만족감을 남긴다. 플로우 심리학은 이러한 최적의 상태의 혁신적 힘을 밝혀내고, 인간의 참여와 성과를 뒷받침하는 메커니즘에 대한 정보를 제공한다. 플로우 심리학을 이해함으로써 개인은 플로우 경험을 촉진하는 조건을 조성하여 웰빙, 창의성 및 개인적 성장을 향상시킬 수 있다.

1) 최적의 심리 상태로서의 플로우

플로우는 인간 경험의 정점을 나타내는 최적의 심리 상태로 칭송받는다. 플로우 상태에서는 개인이 활동에 완전히 몰입하고 깊이 몰입하여 자신의 기술과 당면한 과제 사이에 매끄러운 일치를 경험하게 된다.

최적의 심리 상태로서 플로우의 한 가지 특징은 강렬한 집중력을 이끌어낸다는 점이다. 플로우에 빠져 있는 동안 개인은 현재의 순간에 완전히 몰입하여 오로지 활동에만 주의를 기울인다. 방해 요소와 외부의 관심사는 사라지고 온전히 현재에 집중할 수 있게 된다.

플로우는 수월함과 통제감으로 특징지어진다. 개인은 어려운 과제에 직면하더라도 마치 활동이 자연스럽게 흘러가는 것처럼 쉽게 수행할 수 있는 상태에 있는 것처럼 느낀다. 이러한 숙달감은 플로우를 하는 동안 경험하는 만족감과 성취감에 기여한다.

또한 플로우는 깊은 보람과 본질적인 동기 부여를 제공한다. 활동 자체로 보상이 되며, 개인은 외부적인 보상보다는 그 과정의 순수한 즐거움에 이끌려 움직인다. 이러한 내재적 동기는 활동에 대한 헌신과 헌신을 촉진하여 지속적인 참여로 이어진다.

플로우는 또한 자의식의 상실을 수반한다. 이 상태에서 개인은 시간과 자의식을 잃고 활동에 완전히 몰입하게 된다. 자신과 업무 사이의 경계가 모호해져 활동과 일체감을 느끼게 된다.

플로우 체험은 도전 의식과 기술 균형이 특징이다. 활동에서 제시하는 도전의 수준이 개인의 기술 수준과 일치하면 플로우 상태에 진입하게 된다. 도전과 숙련도 사이의 최적의 균형은 발전과 성장의 감각을 촉진하여 개인이 새로운 도전과 플로우를 위한 기회를 찾도록 유도한다.

최적의 심리 상태로서의 플로우는 인간의 경험을 새로운 차원의 참여와 성취감으로 끌어올리는 혁신적 잠재력을 지니고 있다. 최적의 상태로서의 플로우를 이해하면 개인은 플로우 경험을 촉진하는 조건을 조성하여 웰빙, 창의성, 개인적 성장을 향상시킬 수 있다. 플로우를 인간 잠재력의 필수적인 측면으로 받아들이면 인생의 여정을 더욱 심오하고 풍요롭게 만들 수 있는 문이 열린다.

2) 내재적 동기와 플로우

내재적 동기와 플로우는 심오하고 공생적인 관계를 공유하며 플로우 심리학의 핵심적인 측면을 형성한다. 내재적 동기는 외부의 보상이나 인센티브가 아닌 순수한 기쁨과 만족을 위해 활동에 참여하도록 개인을 이끄는 내적 동기와 열정을 말한다.

플로우 경험에서는 내재적 동기가 중심이 된다. 이 최적의 상태에서 개인은 활동에 깊이 몰입하여 그 과정 자체에서 엄청난 즐거움과 성취감을 찾는다. 활동이 그 자체로 보상이 되고, 플로우를 추구하는 것은 본질적으로 만족스러운 일이 된다.

플로우 경험은 본질적으로 보람과 만족감을 주며, 개인은 외부적인 이득이나 인정을 위해서가 아니라 경험 자체를 위해 활동에 참여한다. 이러한 내재적 동기는 업무에 대한 헌신을 촉진하여 지속적인 참여와 목적의식을 이끌어낸다.

또한 내재적 동기는 플로우 경험의 질을 향상시킨다. 내재적 동기를 가진 개인은 진정한 관심과 열정을 가지고 활동에 접근하므로 플로우가 제공하는 도전과 성장의 기회를 온전히 받아들일 수 있다.

내재적 동기와 플로우 사이의 깊은 연관성은 플로우 경험을 촉진하는 조건에서 분명하게 드러난다. 개인의 열정과 관심사에 부합하는 활동은 플로우 상태를 유발할 가능성이 더 높다. 개인이 진정으로 즐기고 의미 있다고 생각하는 활동에 참여할 때 플로우를 경험할 가능성이 높아진다.

내재적 동기는 플로우 상태의 자율성과 통제감에도 기여한다. 개인이 내면의 욕구와 관심사에 의해 움직일 때, 활동을 탐색할 때 더 큰 주체성과 자율성을 갖게 되어 만족감과 성취감을 높일 수 있다.

내재적 동기와 플로우 사이의 상호 작용을 이해하는 것은 삶의 다양한 측면에서 플로우 경험을 배양하는 데 매우 중요하다. 자신의 열정과 관심사에 부합하는 활동을 수용함으로써 개인은 내재적 동기를 활용하여 최적의 플로우 경험을 위한 발판을 마련할 수 있다. 내재적 동기와 플로우 사이의 이러한 조화로운 관계는 인간의 참여, 창의성, 개인적 성장을 놀라운 수준으로 끌어올릴 수 있는 잠재력을 지니고 있다.

3 | 플로우가 웰빙과 성과에 미치는 영향

플로우가 웰빙과 성과에 미치는 영향은 이 최적의 상태의 놀랍고 변화적인 측면이다. 플로우 경험은 개인의 심리적 웰빙과 삶의 다양한 영역에서 전반적인 성과에 지대한 영향을 미친다.

웰빙 측면에서 플로우는 만족감, 성취감, 행복감의 증가와 관련이 있다. 몰입하는 동안 개인은 활동에 완전히 몰입하고 몰입하면서 깊은 기쁨과 만족감을 경험한다. 이러한 행복감은 플로우 경험 그 이상으로 확장되어 삶에 대한 보다 긍정적이고 낙관적인 관점으로 이어진다.

플로우는 또한 긍정적인 정신 건강을 증진하는 데 중요한 역할을 한다. 플로우 상태를 유발하는 활동에 참여하면 걱정과 근심에서 벗어나 현재 순간에 완전히 몰입할 수 있기 때문에 스트레스와 불안 수준이 감소하는 것으로 나타난다.

또한 플로우 경험은 숙달감과 성취감을 촉진하여 개인의 자존감 향상에 기여한다. 플로우를 경험하는 동안의 유능감과 성취감은 개인의 능력에 대한 믿음을 강화하여 인생의 도전에 직면할 때 더 큰 자신감을 갖게 한다.

성과 측면에서도 플로우는 최적의 참여도와 생산성을 이끌어낸다. 개인이 플로우 상태에 있으면 집중력, 집중력, 동기 부여가 높아져 당면한 업무의 성과가 향상된다.

플로우는 창의력과 문제 해결 능력 향상과도 관련이 있다. 플로우를 하는 동안 집중력이 높아지고 기술과 과제 간의 원활한 연계가 이루어지면 혁신적인 사고와 복잡한 작업을 효과적으로 처리하는 능력이 촉진된다.

플로우 경험은 깊은 학습과 성장의 의미와도 관련이 있다. 개인이 활동에 완전히 몰입하면 피드백에 더 개방적이고 도전을 기꺼이 받아들여 지속적인 개선과 발전으로 이어진다.

전반적으로 플로우가 웰빙과 성과에 미치는 영향은 이러한 최적의 상태가 가진 변화의 힘을 입증한다. 삶의 다양한 측면에서 플로우 경험을 쌓음으로써 개인은 자신의 잠재력을 최대한 발휘하여 더 나은 웰빙, 더 높은 성과, 더 만족스럽고 풍요로운 삶으로 이어질 수 있다.

1) 플로우가 정신 건강에 미치는 영향

플로우가 정신 건강에 미치는 영향은 이 최적의 상태가 지닌 변화의 힘을 조명하는 매혹적인 여정이다. 플로우를 경험하는 동안 개인은 자신의 정신 건강에 대한 심오한 탐구를 시작하여 심리 상태에 미치는 무수한 긍정적인 효과를 발견한다.

플로우 상태에 들어가면 현재의 순간에 완전히 몰입하고 깊이 빠져들게 된다. 플로우 상태에서는 집중력이 강해져 산만함과 걱정이 사라지면서 정신이 맑고 선명해지는 느낌을 받게 된다. 이렇게 정신 집중력이 높아지면 스트레스와 불안이 감소하여 내면의 평온함을 느낄 수 있다.

플로우 경험은 개인이 활동에 완전히 몰입하게 되면서 자의식이 사라지는 것을 특징으로 한다. 이 상태에서는 자기 의심과 자기 비판이 자신의 능력에 대한 자신감과 믿음으로 대체된다. 이러한 사고방식의 변화는 자존감 향상과 긍정적인 자아상 형성에 기여한다.

또한 플로우 경험은 개인에게 일상생활의 압박과 요구에서 벗어날 수 있는 휴식을 제공한다. 플로우를 유발하는 활동에 참여하면 일상적인 책임감의 부담에서 일시적으로 벗어나 필요한 정신적 휴식과 활력을 되찾을 수 있다.

플로우를 하는 동안 경험하는 강렬한 즐거움과 성취감은 기쁨과 행복의 감정을 촉진한다. 이 상태에서 개인은 깊은 만족감을 경험하여 삶에 대한 전반적인 긍정적인 시각을 갖게 된다. 플로우는 진정한 즐거움과 웰빙의 원천이 된다.

삶의 목적과 의미에 대한 감각을 증진시킨다. 자신의 열정과 관심사에 부합하는 활동에 참여함으로써 개인은 자신의 핵심 가치 및 신념과 연결될 수 있으며, 이는 더 큰 성취감과 목적의식으로 이어진다.

플로우가 정신 건강에 미치는 긍정적인 영향은 플로우 경험 그 이상으로 확장된다. 플로우를 경험하는 동안 발달된 회복탄력성과 대처 능력은 정서적 웰빙을 개선하고 도전을 더 쉽게 헤쳐나갈 수 있는 능력으로 이어진다.

플로우가 정신 건강에 미치는 영향에 대한 여정은 이 최적의 상태가 가진 변화의 잠재력을 증명한다. 플로우 경험을 수용하고 플로우를 유발하는 활동에 참여함으로써 개인은 정신적 웰빙, 행복, 개인적 성장의 세계를 열어갈 수 있다. 플로우는 건강하고 번성하는 마음을 키우는 통로가 되어 기쁨, 목적, 성취감으로 내면의 세계를 풍요롭게 만들어 준다.

2) 스포츠와 창작활동에서의 플로우

스포츠와 창작 활동에서의 플로우는 다양한 영역에서 최적의 상태가 어떻게 나타나는지에 대한 흥미로운 탐구이다. 스포츠에서 선수들은 경기에 완전히 몰입하며 자신의 기술과 게임이 제시하는 도전 사이에서 무리 없는 조화를 경험한다. 플로우를 경험하는 동안 선수는 고도의 집중력을 발휘하여 성과를 향상시키고 움직임을 용이하게 수행할 수 있게 해 준다.

창작 활동에서 흐름은 개인이 그림 그리기, 글쓰기, 음악 연주 등의 예술적 과정에 완전히 몰입한 상태에서 발생한다. 이 상태에서는 자아와 창의적 표현 사이의 경계가 모호해져 아이디어와 창의력이 자유롭게 흐르고 영감을 받을 수 있다. 플로우 상태의 예술가들은 창작 행위에 완전히 몰입하여 깊은 즐거움과 만족감을 경험한다.

스포츠와 창작 활동 모두에서 흐름은 여유로움과 통제감과 관련이 있다. 운동선수는 자신의 움직임과 결정을 완전히 통제하고 있는 것처럼 느껴 최고의 기량을 발휘할 수 있다. 마찬가지로 창의적인 사람들은 예술적 표현에서 마치 아이디어가 마음속에서 자연스럽게 흘러나오는 것처럼 편안하고 자연스러운 느낌을 경험한다.

스포츠와 창작 활동에서 플로우 경험은 자의식의 상실이라는 특징도 있다. 선수들은 걱정이나 방해 요소 없이 경기에 온전히 집중하게 된다. 이러한 정신 상태는 자기 의심이나 외부 압력에 대한 부담 없이 최고의 기량을 발휘할 수 있게 해준다. 마찬가지로 플로우에 빠진 예술가는 시간이나 자기 인식을 잊고 창작 과정에 완전히 몰입할 수 있다.

스포츠와 창작 활동에서 플로우의 긍정적인 효과는 즉각적인 성과 이상으로 확장된다. 플로우 경험은 운동선수와 예술가 모두에게 기쁨, 성취감, 만족감을 가져다준다. 플로우를 유발하는 활동에 참여하면 본질적으로 보람을 느끼게 되고, 이를 통해 추구하는 바에 대한 헌신과 열정이 더욱 커진다.

스포츠와 창작 활동에서 플로우는 학습 과정과 기술 개발에도 도움이 된다. 운동선수와 예술가는 피드백에 더 개방적이고 도전을 기꺼이 받아들여 지속적인 성장과 능력 향상으로 이어진다.

전반적으로 스포츠와 창작 활동에서 플로우는 다양한 영역에서 최적의 상태의 혁신적 잠재력을 드러낸다. 운동선수와 예술가는 이러한 영역에서 플로우 경험을 키움으로써 잠재력을 최대한 발휘하여 퍼포먼스와 창의력을 향상하고 자신이 선택한 분야에서 깊은 기쁨과 성취감을 느낄 수 있다.

2장

플로우를 유도하는 방법과 기술

1 | 일상에서 플로우 찾기

　　'일상에서 플로우 찾기'는 개인이 일상 활동에서 플로우를 경험할 수 있는 방법과 기법에 대한 흥미로운 탐구이다. 플로우는 종종 특별한 작업이나 최고의 경험과 관련이 있지만, 평범한 순간에도 활용되어 일상을 풍요롭게 만들 수 있다.

　일상에서 플로우를 유도하는 핵심 기법 중 하나는 명확한 목표와 과제를 설정하는 것이다. 의미 있는 목표를 파악하고 이를 자신의 능력에 맞게 조정함으로써 일상 활동에 목적의식과 방향성을 부여할 수 있다. 과제가 너무 쉽지도 어렵지도 않을 때, 우리는 목표를 추구하는 데 온전히 몰입할 수 있기 때문에 플로우를 경험할 가능성이 더 높다.

　또 다른 방법은 마음챙김과 현재 순간에 대한 인식을 기르는 것이다. 각 활동에 온전히 집중함으로써 우리는 경험의 미묘한 차이를 알아차리게 된다. 이렇게 자각력이 높아지면 지금 이 순간에 몰입할 수 있고, 흐름의 특징인 심오한 집중력으로 이어진다.

방해 요소를 제거하는 것은 일상에서 흐름을 찾기 위한 또 다른 필수 기술이다. 방해 요소가 없는 환경을 조성하면 당면한 업무에 온전히 집중할 수 있다. 이렇게 하면 시간을 잊고 활동에 몰입할 수 있는 깊은 몰입 상태에 들어갈 수 있다.

일상생활의 흐름에는 도전을 받아들이고 성장 마인드를 수용하는 것도 포함된다. 장애물을 학습과 성장의 기회로 바라보면 호기심과 결단력을 가지고 과제에 접근할 수 있게 되고 지속적으로 역량을 향상하고 확장하기 위해 노력할 때, 우리는 숙달을 추구할 때 발생하는 흐름 경험의 문을 열게 된다.

또한 일상에서 흐름을 찾으려면 내재적 동기 부여를 키우는 것이 필요하다. 열정과 관심사를 연결하면 평범한 업무에도 목적의식과 즐거움을 불어넣을 수 있다. 기쁨과 성취감을 가져다주는 활동에 참여하면 내재적 가치를 위해 활동을 추구할 때 자연스러운 흐름을 경험할 수 있다.

본질적으로 '일상에서 흐름 찾기'는 의도적인 참여와 마음챙김을 통해 일상의 경험을 향상시키라는 초대이다. 이러한 방법과 기술을 적용하면 일상적인 활동을 최적의 경험의 순간으로 바꾸어 가장 단순한 순간에도 목적의식, 성취감, 기쁨을 느끼며 삶을 풍요롭게 만들 수 있다.

2 | 스킬 개발의 역할

우리가 플로우를 유발하는 방법과 기술을 탐구함에 따라, 개인을 최적의 경험 상태로 이끌 수 있는 다양한 실천법들이 드러난다. 각 기법은 플로우 경험의 풍부한 태피스트리에 기여하는 고유한 특성을 지닌 귀중한 보석과도 같다.

마음을 기울이고 현재 순간에 주의를 기울이는 것은 플로우를 육성하는 강력한 기법으로 나타난다. 우리가 주의를 현재에 집중함으로써 경험의 뉘앙스에 완전히 조화를 이루며 현재에 몰입한다. 마음챙김이 가져다주는 고도의 집중력과 명료성은 흐름이 발현될 수 있는 토대를 마련한다.

명확한 목표와 과제를 설정하는 것도 플로우를 유도하는 또 다른 필수 기술이 된다. 자신의 능력에 맞는 의미 있는 목표를 정의하면 활동에 목적의식과 방향성을 부여할 수 있고 도전적이면서도 달성 가능한 목표를 추구하면 동기 부여와 참여가 촉진되어 플로우에 대한 잠재력이 높아진다.

마음챙김과 목표 설정을 보완하기 위해 방해 요소를 제거하는 것은 중요한 습관이 된다. 방해 요소가 없는 집중에 도움이 되는 환경을 조성함으로써 우리는 당면한 업무에 완전히 몰입할 수 있다. 이러한 깊은 몰입은 우리를 흐름의 상태로 이끌고, 활동과 쉽고 원활한 상호 작용을 경험하게 된다.

또한 플로우를 유도하는 데 있어 기술 개발의 역할은 부인할 수 없다. 지속적으로 능력과 전문성을 연마하면 새로운 차원의 성과와 숙련도를 발휘할 수 있다. 숙달감과 편안함을 느끼며 업무를 처리할 수 있는 완벽한 균형을 찾을 때, 기술과 도전이 서로 얽히면서 플로우로 가는 관문이 된다.

플로우를 추구할 때 성장 마인드를 포용하는 것은 필수적인 기술이 된다. 장애물을 학습과 개선의 기회로 간주함으로써 호기심과 열정을 가지고 작업에 접근한다. 도전을 기꺼이 받아들이는 마음가짐은 새로운 경험에 대한 개방성을 키우고, 플로우의 기회에 대한 수용성을 높여준다.

마지막으로, 열정과 관심사에 부합하는 활동에 몰입하는 것은 플로우를 유도하는 강력한 기법으로 떠오른다. 우리의 마음과 영혼에 깊은 울림을 주는 활동에 참여하면 자연스럽게 내재적 동기 부여가 높아진다. 이 타고난 동기는 우리가 플로우 경험을 추구하는 원동력이 된다.

플로우를 유도하는 다양한 기법들이 서로 조화를 이루며 최적의 경험을 위한 교향곡을 만들어낸다. 이러한 방법과 기법을 주의 깊게 활용함으로써 개인은 플로우의 변화의 힘을 발휘하여 열정과 열망을 추구하는 목적의식, 성취감, 기쁨으로 삶을 풍요롭게 만들 수 있다.

3장

플로우를 통해 성취와 만족을 더하는 방법

1 | 플로우와 개인적 성장

'플로우'라는 개념을 통해 성취감과 만족감을 불어넣는 방법을 탐구하는 과정에서 플로우 경험이 개인 성장에 미칠 수 있는 심오한 영향이라는 중요한 길을 발견하게 된다. 플로우, 즉 활동에 대한 최적의 참여와 완전한 몰입 상태는 단순한 기쁨의 순간이 아니라 혁신적인 성장의 촉매제가 될 수 있다.

자신의 안전지대의 한계를 뛰어넘는 새로운 시도를 시작한다고 상상해 보자. 이 도전에 뛰어들면 플로우에 빠져드는 자신을 발견하게 된다. 자신의 기술과 당면한 도전이 조화롭게 조화를 이룬다. 각 단계, 각 결정은 정확하고 의도적으로 이루어지고 그 과정에 완전히 몰입하게 되면 시간이 가는 줄도 모르게 된다. 이는 단순히 생산적인 순간을 넘어 개인적 성장으로 가는 관문이다.

플로우 경험은 우리의 역량을 바라볼 수 있는 독특한 관점을 제공한다. 플로우에 빠져 있을 때 우리의 잠재력은 무한해 보이고, 우리의 경계는 확장된다. 도전을 극복하고 행동의 유동성을 목격하면서 우리는 미처 발견하지 못한 잠재력을 엿볼 수 있게 된다. 마치 지금 이 순간의 모습뿐만 아니라 헌신과 연습을 통해 어떤 사람이 될 수 있는지 비춰주는 거울을 들여다보는 것과 같다.

꽃이 꽃잎을 활짝 펴고 태양을 향해 뻗어나가듯, 우리도 흐름이라는 양육 환경에서 잠재력을 펼친다. 단순히 과제를 달성하는 것이 아니라 개인으로서 진화하는 것이다. 플로우 경험은 우리가 기술을 연마하고, 한계를 뛰어넘고, 새로운 지평을 개척하도록 자극한다. 바로 이러한 순간에 개인의 성장은 능동적이고 역동적인 과정이 된다.

플로우는 숙달의 감각을 키우도록 우리를 안내한다. 플로우 속에서 활동의 복잡성을 헤쳐나가는 동안 우리는 깊은 통제감과 유능함을 얻게 된다. 이는 외부의 검증이 아니라 자신의 능력에 대한 내면의 인정이다. 이러한 숙달감은 자신감과 결단력을 가지고 더 어려운 과제에 도전할 수 있게 해주므로 개인적 성장의 초석이 된다.

또한, 플로우 경험은 자의식을 고취시킨다. 플로우 속에 있을 때 우리의 주의는 당면한 과제에 예리하게 집중된다. 생각, 감정, 신체적 감각의 미묘한 차이에 더욱 주의를 기울이게 되고 이렇게 높아진 자각은 우리 자신을 더 잘 이해할 수 있는 거울이 된다. 우리는 자신의 강점을 발견하고 약점을 인정하며 성장 여정에 도움이 되는 통찰력을 얻는다.

개인적 성장의 태피스트리에서 흐름은 성취와 만족을 함께 엮는 활기찬 실타래이다. 플로우는 순간의 성취감뿐만 아니라 미래에 대한 잠재력을 키움으로써 우리를 앞으로 나아가게 한다. 플로우와 개인적 성장의 역동적인 상호작용을 통해 우리는 진화하는 우리 역량의 본질을 수용하고 삶의 캔버스에 지속적으로 새로운 색을 더할 수 있다.

2 | 플로우와 관계

플로우와 관계의 융합은 인간관계의 깊이와 질에 영향을 미치는 역동적이고 미묘한 상호 작용을 나타낸다. 종종 개인 경험의 맥락에서 논의되는 플로우는 그 영향력을 관계로 확장하여 참여, 연결 및 개인적 성취감을 향상시키는 공생 관계를 만든다.

플로우와 관계는 공유 활동의 경험을 풍요롭게 하는 방식으로 교차한다. 개인이 플로우의 상태에서 함께 활동에 참여하면 조화로운 정렬이 이루어지고 일체감을 조성한다. 상호 작용이 매끄럽게 이루어지고, 서로의 노력을 동기화하면서 개인 간의 경계가 모호해진다. 이러한 공유된 참여는 독특한 형태의 관계를 형성하여 서로 간의 이해와 친밀감을 깊게 한다.

플로우 경험이 가져다주는 상호 성취감은 관계에까지 그 영향력을 확장한다. 개인이 함께 플로우를 경험하는 활동에 참여할 때 공유되는 성취감은 유대감을 형성하는 매개체가 되고 함께 과제를 달성하거나 도전을 극복했을 때 얻는 만족감은 유대감을 높이는 데 기여한다. 이러한 공유된 진전은 관계의 내러티브에서 필수적인 부분이 되어 관계를 강화한다.

존재감은 플로우 경험과 관계 모두의 핵심 요소이다. 개인이 플로우 상태에 있으면 주의가 현재 순간에 완전히 집중되어 방해 요소를 없애고 깊은 몰입을 촉진한다. 이렇게 높아진 집중력은 관계로 확장되어 진정한 연결이 번성할 수 있는 환경을 조성하고 대화, 상호작용, 공유되는 순간에서 이러한 존재감은 의미 있는 교류를 촉진하고 친밀감을 키운다.

또한 플로우 경험은 개인의 진정한 자아를 들여다볼 수 있는 창을 제공한다. 플로우 상태에 있는 사람은 자신의 진정한 열정, 재능, 열망을 생생하게 표현한다. 개인의 본연의 모습을 관찰하면 그 사람의 성격을 더 깊이 이해할 수 있고, 피상적인 상호작용을 넘어서는 유대감을 형성할 수 있다. 이러한 이해는 관계 내에서 공감과 감사를 키운다.

요약하자면, 플로우와 관계는 인간관계의 질을 향상시키는 상호 풍요로운 역동성이다. 플로우는 관계 내에서 참여, 공유된 성취, 존재감을 증폭시켜 개인이 서로의 노력을 동기화하고 유대를 강화할 수 있는 환경을 조성한다. 이러한 교차점은 대인 관계를 향상시킬 뿐만 아니라 개인의 성장과 성취에도 기여하며, 개인과 공유 경험 간의 복잡한 상호 작용을 강조한다.

3 | 업무와 창의성에서의 플로우

인간 경험의 복잡한 영역에서 '플로우'이라는 개념은 업무와 창의성 모두와 매끄럽게 얽혀 있는 매혹적인 상호 작용으로 등장한다. 플로우의 상태에 대한 몰입은 그것이 어떻게 삶의 여러 측면을 풍요롭게 하고 인간 잠재력의 깊이를 드러내는지에 대한 매혹적인 내러티브를 그려낸다.

업무 영역에서 플로우 경험은 집중과 참여의 교향곡과 비슷하다. 개인이 작업에 몰두하면 시간이 늘어났다가 줄어들면서 배경이 사라지는 것처럼 느껴진다. 이 상태는 고도의 집중력과 당면한 과제에 대한 깊은 연결감을 특징으로 하고 몰입 상태에서는 도전이 벅찬 것이 아니라 활기차게 느껴지고, 일의 과정도 최종 결과만큼이나 보람을 느끼게 된다. 개인이 자신의 기술을 업무의 요구사항에 맞출 때 자아의 경계가 모호해지고, 그 결과 행동과 의도가 자연스럽게 융합

된다. 이러한 상태에서는 생산성이 번창하고 창의성이 번성하며 완수뿐 아니라 여정 자체에서 성취감을 얻을 수 있다.

창의성의 영역에서 플로우는 자유로운 표현을 위한 촉매제 역할을 한다. 플로우는 창작 행위가 모든 것을 포괄하는 상태가 되어 외부 세계는 사라지고 창작자는 그 과정에 몰입하게 된다. 생각, 아이디어, 영감이 자연스럽게 흐르고 예술 작품, 혁신 또는 발견으로 구체화된다. 창의적인 마음은 의심과 자의식의 제약에서 해방되어 여과되지 않은 아이디어가 흘러나올 수 있고 이 상태에서 외부의 판단이나 선입견에 얽매이지 않고 진정한 독창성이 드러난다. 창작 행위는 자기 발견의 행위이자 상상력의 무한한 경계를 탐구하는 행위가 된다.

업무와 창의성의 플로우에 대한 이러한 여정은 인간 노력의 이러한 측면 사이에 존재하는 복잡한 조화를 강조한다. 플로우는 단순히 일시적인 마음 상태가 아니라 자신의 기술이 당면한 과제와 일치할 때 놀라운 시너지 효과를 발휘할 수 있다는 증거이다. 이는 헌신적인 참여와 현재의 순간에 대한 열린 포용을 통해 개인이 내면에 잠재된 잠재력의 원천을 활용할 수 있다는 사실을 상기시켜 준다. 인간 경험의 태피스트리에서 플로우는 일과 창의성을 하나로 엮어 성장, 성취, 심오한 성취감의 내러티브를 만들어내는 활기찬 실타래이다.

일상을 바꾸는 몰입의 즐거움
몰입의 힘

초판 1쇄 발행 2023년 10월 5일

지은이 김민식
펴낸이 백광석
펴낸곳 다온길

출판등록 2018년 10월 23일 제2018-000064호
전자우편 baik73@gmail.com

ISBN 979-11-6508-533-9 (13320)